가족 난민

'KAZOKU' NANMIN by Masahiro Yamada

트랜스 소시올로지 26

가족 난민

싱글화의 미래 ― 양극화된 일본인의 노후

초판1쇄 펴냄 2019년 8월 30일
초판3쇄 펴냄 2024년 3월 25일

지은이 야마다 마사히로
옮긴이 니시야마 치나, 함인희
펴낸이 유재건
펴낸곳 (주)그린비출판사
주소 서울시 마포구 와우산로 180, 4층
대표전화 02-702-2717 | **팩스** 02-703-0272
홈페이지 www.greenbee.co.kr
원고투고 및 문의 editor@greenbee.co.kr

편집 이진희, 구세주, 송예진 | **디자인** 이은솔, 박예은
마케팅 육소연 | **물류유통** 류경희 | **경영관리** 이선희

독자의 학문사변행學問思辨行을 돕는 든든한 가이드 _(주)그린비출판사

가족 난민

싱글화의 미래 — 양극화된 일본인의 노후

야마다 마사히로 지음
니시야마 치나·함인희 옮김

차례

| 일러두기 |

1 이 책은 山田昌弘, 『家族難民:中流と下流—二極化する日本人の老後』, 朝日新聞出版 , 2016 을 완역한 것이다.

2 본문의 각주는 모두 옮긴이의 것이다. 본문 괄호 안의 내용 중 옮긴이가 단 것은 '—옮긴이' 표시를 따로 했다.

3 신문·잡지 등의 정기간행물, 단행본, 전집 등에는 겹낫표(『 』)를, 기사·논문·단편·영화·노래 제목 등에는 낫표(「 」)를 사용했다.

4 외국 인명이나 지명, 작품명은 2002년에 국립국어원에서 펴낸 '외래어 표기법'을 따르되, 관례가 굳어서 쓰이는 것들은 관례를 따랐다.

머리말

'격차 사회'** 개념을 창안함으로써 유행어 대상 Top10의 수상자로 선정된 것이 2006년의 일이었다. 그 이후 정확히 10년이 지난 2016년, 전반적으로 일본의 경기 상황은 회복세를 보이고 있는 중이다. 그래서인지 '격차' 해소를 위해 '사회보장의 근본 개혁'이 수반되어야 한다는 인식이 희박해지고 있는 것 같다. 신자유주의자들이 즐겨 사용하던 '구조 개혁' 개념도 이젠 무대 위에서 사라져 가고 있고, 이

---

* 지금까지 계층간의 경제적 격차가 그다지 크지 않았던 일본인의 소득 수준을 일컬어 '1억 총중류'(一億総中流, 일본인 대다수가 자신이 중류층에 속한다고 생각함을 지칭하는 표현)라 불러 왔다. 그러나 1990년대 후반 이후 다수의 직종에서 격차가 확대되면서 양극화가 진행되었다. 정규직 수를 삭감해 비정규직 파견사원으로 전환하는 과정이 광범위하게 진행되고 있고, 정사원이 되는 길 자체가 차단된 아르바이트도 점점 증가하고 있다. 정사원이긴 하나 임금이 적고 빈곤한 상태에 머무르는 이들을 일컬어 워킹푸어라 칭하기도 한다. 이러한 현상에 주목하게 되면서 '격차 사회' 개념이 등장하게 되었다. 이 개념을 제안한 주인공이 이 책의 필자인 야마다 마사히로 교수다.

개념을 들을 기회마저도 점차 희박해지고 있다. 경제 성장 추세가 지속됨을 전제로 소비세 인상을 통한 재원 확보가 가능해진다면, 현행 제도를 개혁하지 않아도 별 무리가 없으리라는 사회적 분위기가 확산되고 있는 것이다.

그렇다면 오늘날 일본의 사회 상황은 진정 우려하지 않아도 되는 것일까? 필자는 종종 정부가 주관하는 조사 및 연구회에 참여해서 가족의 현황과 미래를 논의하곤 한다. 그런 기회가 있을 때마다 "지금은 중년인 부모가 미혼 독신 자녀를 지원하고 있기 때문에 아직 심각한 문제가 나타나는 단계는 아니다. 하지만 이대로 가면 2030년경에는 가족이 없는 고령자가 수백만 명에 이르게 됨으로써, 고립사회 속에서 홀로 죽음을 맞이하게 되는 사람이 연 20만 명에 달할 것이다. 그렇게 되면 고령자의 증가와 더불어 의지할 가족 자체가 존재하지 않는 사람들, 독립이 아니라 고립에 빠질 수밖에 없는 사람들, 이름 하여 가족 난민이 증가할 것"임을 꾸준히 경고해 왔다. 지금도 관료들과 더불어 가까운 미래에 직면하게 될 심각한 위기 상황을 주제로 신중히 이야기를 나누고 있는 중이다. 다만 가족 난민은 15년 내지 20년 후에나 일어날 상황인 만큼, 현재로서는 정책의 우선순위를 설정할 때 보다 시급한 현안에 밀려 여전히 뒷전에 머무르고 있으리라 추측된다.

"일본 사회가 지금까지 이토록 혁신적인 변화를 거듭해 왔음에도 불구하고 전후戰後 70년 동안 동일한 제도적 틀을 유지해 온 것 자체가 신기하다"는 입장을 밝힌 관료도 있었으나, 근본적인 개혁의 기회는 좀처럼 오지 않는 것 같다.

자세한 내용은 본문에서 설명하겠지만 오늘날 일본의 제도와 관습은 모든 사람이 '전후형 가족' 즉 '남편은 직장에 나가 일하고, 아내는 집에 남아 가사와 양육을 전담하면서 풍요로운 삶을 지향하는 가족'을 형성할 수 있으리라는 기대를 전제로 하고 있다. 그러나 세계화 및 신자유주의의 물결이 우리네 삶을 지배하고 있는 지금, 정상가족을 선택할 것을 가족의 이상으로 전제하는 것은 현실적으로 무리가 있다. 오히려 표준가족 형태를 정상가족으로 규정하고 이에 따를 것을 규범으로 삼는 관행으로 인해 역설적으로 가족을 구성하는 것 자체가 더욱 어려워지고, 일단 만들어진 가족도 쉽게 해체될 뿐만 아니라, 아예 가족이 없는 사람들의 숫자도 증가하고 있는 것이다.

필자는 강연 기회가 있을 때마다 빌 클린턴 전前 미국 대통령이 자주 인용했던 것으로 알려진 "과거는 과거일 뿐, 과거에 집착하면 미래를 잃게 된다"는 경구를 마지막에 인용하곤 한다.

과거 일본 사회가 누리던 번영 속으로 되돌아갈 수 있다고 믿는 것, 더 구체적으로는 누구나 정사원이 되어 전후형 표준가족을 이룰 수 있는 시대로 돌아갈 수 있다고 믿는 것은 환상이다. 환상을 추구하는 한 사회는 점점 불안과 불안정 속으로 빠져들게 될 것이다. 현실 가족 안에서 발생하고 있는 위기의 징후와 역설적 현상들을 결코 외면해서는 안 될 것이다. 일본의 미래를 위해 현 시대 상황에 맞는 새로운 형태의 다양한 가족 양식을 인정하는 것이 시대적 요구임을 절감하고 있다.

2016년 1월

야마다 마사히로

가족 난민

가족 난민— 가족의 지원이 중단된 사람들

'가족이 없다', 무엇이 문제일까?

오늘날 일본에서는 배우자가 없는 사람, 즉 '싱글'(독신)의 비율이 그 어느 때보다 높다. 평생 결혼하지 않는 사람이 증가하고 있고, 결혼 후 이혼하는 사람도 증가하고 있기 때문이다. 하지만 사회 전반적으로 평생 독신이나 이혼으로 인한 싱글만 증가하고 있는 것은 아니다. 백년해로한 부부라 할지라도 만혼晩婚 및 장수의 영향으로 인해 배우자 없이 홀로 보내야 하는 기간이 길어지고 있다. 다시 말해 사회 전반적 차원에서 싱글 숫자가 증가하는 동시에, 개인의 생애주기 차원에서도 싱글로 보내야 하는 기간이 연장되고 있다. 덕분에 '싱글화'라 불러도 손색이 없는 사회 현상이 출현하고 있는 셈이다.

그렇다면 우리는 싱글화 현상을 환영해야 하는 것일까? 아니면 걱정해야 하는 것일까? 과거로부터 현재에 이르기까지 싱글을 둘러싼 사회적 의미에 대해서는 다양한 평가가 공존해 왔다. 페미니즘이 출현했던 1970년대 일본에서는 결혼이란 여성을 억압하는 제도임이 분명하다는 의견이 주를 이룬 바 있다. 남성들 중에도 배우자를 인생의 장애물로 간주하는 사례가 종종 발견되었고, 연장선에서 싱글화 현상을 환영하는 논의가 등장하기도 했다. 이러한 예는 싱글의 존재를 적극적으로 긍정하는 입장이라 할 수 있을 것이다.

그런가 하면 누구나 예외 없이 싱글 상황에 놓일 수 있음을 각성해야 한다는 의견도 있다. 이를 대표하는 작품으로 우에노 지즈코 上野千鶴子*의 『싱글, 행복하면 그만이다』가 있다. 우에노 교수에 따르면, 인생의 마지막 단계는 모두가 싱글이 되어 지나갈 것이라 한다. 따라서 그로 인해 파생될 제반 문제를 자연스럽게 받아들임으로써 지혜롭게 살아남는 길을 찾아보자는 주장을 펴고 있다. 모두가 예외 없이 싱글 상황을 피할 수 없을 바엔 차라리 싱글로서의 운명을 즐기는 것이 손해가 덜하리라는 입장이다.

이처럼 싱글에 대해서는 다양한 입장 견지가 가능할 것이나, 이 책을 통해 싱글이 좋은지 나쁜지에 초점을 맞춰 논의를 전개할 생각은 추호도 없다. 그 이유로는 두 가지를 생각해 볼 수 있겠다. 하나는 싱글이란 개인이 스스로 선택할 수 있는 삶의 양식 가운데 하나이기

---

* 도쿄대학 명예교수. 일본의 페미니스트이자 사회학자로 전공은 가족사회학, 젠더론, 여성학이다. 최근 저서 중 한국에 소개된 것으로는 『근대가족의 성립과 종언』(2009, 당대), 『여성혐오를 혐오한다』(2012, 은행나무) 등이 있다.

때문이다. 오래 전부터 결혼을 아예 선택하지 않는 비혼^{非婚}도 있었고, 이혼 후 재혼하지 않은 채 싱글을 유지하는 경우도 있었으며, 사별 후 독신으로 생활하는 고령자도 있었다. 이 중에는 본인이 원해서 싱글이라는 생활양식을 선택한 경우가 적지 않았으리라 생각한다. 따라서 제3자의 입장에서 '싱글은 잘못된 삶'이라 폄하한다거나 '독신은 멋있는 인생'이라 흠모하듯, 호오^{好惡}를 반영한 평가를 강요하지는 않을 생각이다(참고로 필자는 클래식 음악 감상을 즐기는 편인데, 클래식계에는 베토벤, 슈베르트, 브람스, 쇼팽, 모리스 라벨처럼 평생을 싱글로 보낸 작곡가를 어렵지 않게 찾을 수 있다. 뿐만 아니라 작곡가 중에는 게이도 있었고, 파트너를 여러 차례 바꾼 경우도 있었음은 물론이다).

두 번째 이유로는 배우자가 있어야 행복한 삶이 가능하다는 믿음을 고수할 만큼 인생은 그리 단순하지 않다는 점을 들고 싶다. 오히려 배우자가 있음으로써 고민이 배가되기도 하고, 삶이 더욱 힘들어지는 경우를 주위에서 종종 찾아볼 수 있다. 실제로 1980년대 일본에서는 '가정 내 이혼'처럼 부부라 부르기 민망할 정도로 의사소통이 차단된 부부관계가 사회 문제로 부상한 바 있다. 최근 들어서는 아내 구타 등 배우자를 향해 폭력을 휘두르는 가정 내 폭력 Domestic Violence이 사회 문제로 주목받고 있다. 상황이 이러하니 싱글 사례를 일반화하여 행복한 삶인지 불행한 삶인지 평가하는 것은 무리가 있다고 생각한다.

하지만 지난 10년 동안 싱글을 향한 사회적 시선이 눈에 띄게 달라진 것은 주목할 만하다. 20~30년 전만해도 가족 내부에서 발생하는 제반 문제들이 사회적 관심을 불러일으키는 단골 주제였다. 일례로 전후 일본에서는 아내와 남편의 어머니, 곧 며느리와 시어머니 사이의 고부 갈등이 주요한 가족 문제로 간주되기도 했다.

또한 남성은 직장 생활, 여성은 전업 주부가 일반적 관행이었던 시대에는 결혼제도가 여성의 자립을 저해하는 주요소로 인식되기도 했다. 그러나 최근에는 아내의 취업을 허용하지 않거나 가사 및 육아 분담을 거부하는 남편은 비판을 받고 있다. 작가 하야시 이쿠林郁가 1985년 동명의 서적을 발표해 주목받았던 '가정 내 이혼'이나 평론가 히구치 게이코樋口恵子가 1989년 보급시킨 유행어 '젖은 낙엽' 濡れ落ち葉(말끔히 청소한 도로 위에 착 달라붙어 잘 떨어지지 않는 젖은 낙엽처럼 정년퇴직 후 아내 곁을 떠나지 않으려는 남편을 일컫는 비유) 등은 불행한 결혼 생활을 은유적으로 표현하는 대표적 사례이다.

2000년대 이후는 다시 방향이 바뀌어, 사회적 차원에서 '결혼을 못해 가족을 만들 수 없는 것이 문제'라고 보는 인식 전환이 이루어지기 시작했다. 필자가 1997년 처음으로 제시했던 '패러사이트 싱글', 수필가 사카이 준코酒井順子의 작품 『마케이누의 절규』,* 평론가

---

* 사카이 준코는 30대 이상의 미혼자나 자녀가 없는 여성을 '마케이누'(負け犬, 싸움에 진 개)라고 이름 붙였다. 『마케이누의 절규』(『負け犬の遠吠え』, 講談社, 2003. 한국어판은 다음과 같다. 『네, 아직 혼자입니다』, 김경인 옮김, 레몬컬쳐, 2018)는 출간 이후 베스트셀러에 올랐다.

고야노 아쓰시小谷野敦의 작품 『인기 없는 남자』 등은 모두 배우자나 연인이 없는 상황을 문제로 간주하는 최근의 경향을 반영하고 있다. 한때는 인공 임신중절 수술에 대해 잘잘못을 따진 적도 있었으나, 오늘날은 불임 치료에 사회적 관심이 집중되고 있다는 것도 동일한 사회 변화를 엿볼 수 있는 현상이라고 생각한다.

특히 2010년에 방송된 NHK의 다큐멘터리 「무연 사회: "무연사" 3만 2천 명의 충격」은 예상외의 큰 반향을 불러 일으켰다. 매년 3만 명 이상이 어느 누구의 손도 잡지 못한 채 홀로 임종을 맞이하는 고독사(고립사)에 대한 현실을 다룬 이 방송은 전 일본인에게 크나큰 충격을 안겨 주었다. 「무연 사회」 방영 이후, 다수의 싱글은 고독사를 맞이할 수밖에 없었던 사람들의 절박한 현실을 이해하고 자신도 결국 홀로 죽음을 맞이할 가능성이 높음을 직시하게 되었을 것으로 추측된다.

한편 '곤카쓰'婚活(결혼을 위한 활동)가 주요 사회 현상으로 부상하기 시작했음에도 주목할 필요가 있다. 필자와 공저자로 참여한 시라카와 도코白河桃子**는 『곤카쓰 시대』를 집필하면서 일본 내 곤카쓰의 실태를 정확히 밝히는 데 주력했다. 당시 일본 전역에서 곤카쓰

** 사가미여자대학 객원교수이자 저널리스트로 야마다 마사히로와 함께 곤카쓰(婚活)를 제창했다. 2008년 발표한 공저 『곤카쓰 시대』(『婚活時代』, Discover 21, 2008. 한국어판은 다음과 같다. 『친구의 부케 받기도 지겨운 당신에게』, 나일등 옮김, 이덴슬리벨, 2011)는 판매 부수 19만 부를 넘는 히트를 기록했다. '곤카쓰'는 2008년도에 이어 2009년도에도 신조어·유행어 대상에 올랐다.

가 유행을 타게 된 배경에는 지금처럼 계속 싱글로 남아 평생토록 홀로 생활하게 되는 것은 왠지 불안하다고 느끼는 젊은 세대의 심리가 깔려 있었다. 실제로 2011년 필자가 직접 참여했던 '결혼 및 가족 형성에 관한 조사'(내각부 주관)에 따르면 결혼을 희망하는 여성 비율이 대략 40퍼센트로 나타났다. 그 이유로는 "노후에 싱글로 남고 싶지 않다"는 희망이 높은 동의를 얻었다. 이처럼 고독사에 대한 관심과 더불어 곤카쓰에 주목하게 된 것은, 배우자를 선택할 경우의 단점보다는 배우자나 자녀가 없음으로 인해 겪게 될 단점이 더욱 크다고 인식하는 젊은 층이 증가했기 때문이다. 원래 싱글로서의 삶은 그 자체로 좋은 것도 나쁜 것도 아니지만, 가족이나 배우자가 없을 경우 사회적으로 부정적 측면이 부각됨은 분명한 현실이라 하겠다.

싱글을 바라보는 시각의 전환은 필자의 저서 『곤카쓰 시대』 및 『곤카쓰 증후군』을 통해 밝힌 바 있듯이 결혼이 필수로 간주되던 시대, 이와 더불어 결혼하겠다고 마음만 먹으면 비교적 힘들이지 않고 결혼할 수 있었던 시대를 지나, 이젠 결혼을 원한다고 해서 쉽고 간단하게 결혼제도 속으로 진입하는 것이 불가능해진 시대로 이행하고 있음에 대한 현실적 반응이라 할 수 있다. 결국 싱글화가 광범위하게 진행되고 있는 이유는 싱글을 선택하는 개인이 증가했기 때문이 아니라, 일본의 경제 및 사회구조가 결혼에 비우호적인 환경으로 변화했기 때문이라는 점을 미리 강조해 두고 싶다.

자신을 필요로 하고 소중히 대해 주는 가족을 상실한 사람들

여러분에게는 '자신을 필요로 하고 소중히 대해 주는 누군가'가 곁에 있는가? 인간은 '자신을 필요로 하고 소중히 대해 주는 이'가 없으면 행복하게 살아갈 수 없다. 혼자 사는 것이 좋다고 주장할 때에도 예외는 아니다. 혼자 사는 사람들도 '자신을 필요로 하고 소중히 대해 주는 누군가'를 마음속에 품은 채 살아갈 것이다.

이러한 존재를 일컬어 전문 용어로는 '정체성'identity의 원천이라 한다. 정체성은 일차적으로 자신다움이라고 번역된다. 여기에 더해 사회 안에 자신이 머물 곳이나 자신만의 거처가 있는 상태, 자신의 존재가 사회적으로 인정을 받고 있다는 느낌 등을 정체성의 정의에 포함시키고 싶다. 최근에는 정체성을 논의할 때 '사회적 승인'(사회적 배제와 대척점에 있는 상태)과 연결 짓는 경우가 빈번해지고 있다. 자신을 필요로 하는 동시에 소중하게 만들어 주는 존재와 자신의 관계를 정확하게 포착하는 개념이 좀처럼 생각나지 않지만, 일단은 '친밀한 관계'라 부르기로 한다.

필자는 바로 이 친밀한 관계가 자신의 삶 속에 존재하는 것이 인간의 행복에 (충분조건은 아닐지라도) 필요조건임은 분명하다고 생각한다. 이를 수학에 비유한다면 증명 자체가 필요 없는 가정을 의미하는 공리公理에 해당된다고 본다(물론 공리의 자명성自明性을 부정하는 주장도 있지만 이 책에서는 공리의 자명성을 인정하는 입장에서 논의를 진행하고자 한다).

자신을 필요로 하고 소중히 대해 주는 존재의 의미는 두 가지 측면에서 생각해 볼 수 있다. 첫째는 경제적 측면이다. 대부분의 사람들은 혼자 힘으로 생계를 유지하는 것이 어려워지면 누군가에게 도움을 요청하게 된다. 우리는 모두 비상사태나 위기에 직면했을 때 도움을 주는 존재, 자립이 불가능해졌을 때 생계를 지원해 주는 존재 — 곧 나를 소중히 대해 주는 존재 — 를 필요로 한다.

다만 이 관계는 일방적인 것이 아니라, 상대방에게도 힘든 일이 생기면 도움을 줄 것이라는 호혜성을 전제로 한다. 자신을 소중히 대해 주는 상대방은 자신을 필요로 하는 존재이기도 하다. 누가 보아도 이러한 관계라면 이들은 '돌봄'care을 주고받는 관계라 할 수 있을 것이다. 돌봄 중에서는 신체적 돌봄이 강조되긴 하지만 경제적 측면도 포함되어 있음을 간과해선 안 된다. 대체로 돌봄의 경제적 측면은 잠재되어 있지만, 돌봄 관계가 존재한다는 사실만으로도 안정된 생활을 누릴 수 있게 된다.

다른 하나는 심리적 측면이다. 우리는 모두 정도의 차이는 있지만 자신의 삶과 존재 의미를 인정받고 싶은 욕구, 다시 말하자면 소중한 존재가 되고 싶은 욕구를 지니고 있다. 나아가 자신이 타인에게 필요한 존재가 되고 있다는 느낌을 확인받고 싶은 욕구도 있다. 이처럼 감정은 우리네 삶 속에서 보람과 충만함을 경험하고 느끼도록 해준다. 상대방의 전화를 받아 주는 것은 상대방을 위한 배려 때문이기도 하지만, 상대방이 만족해하는 모습을 보면서 스스로 만족감을 느끼기 때문 아닐까?

전통 사회에서는 자신을 필요로 하고 소중히 대해 줌으로써 심리적 안정감을 제공해 주는 원천이 하나는 종교였고, 다른 하나는 지역 공동체 안에 함께 거주하는 이웃들이었다. 하지만 종교적 의지가 희박해진 현대 일본에서는 '신이 존재한다는 진실을 믿기에 나 홀로 살 수 있다'고 확신하는 사람들이 급격히 감소하고 있다. 현대 사회에서 종교는 더 이상 정체성의 원천으로서 기능하지 않는다. 보다 현학적으로 표현한다면 현대인들은 실존주의의 요체라 할 '존재론적 불안'에 의지하고 있다. 마음속 깊이 우리 자신을 필요로 하는 진실한 관계를 만들어 가고, 어떠한 형태로든 현실 속에서 타인과 의미 있는 관계를 이어 가야만 하는 시대가 도래한 것이다. 그렇다면 현대 일본 사회에서 친밀한 관계를 제공해 주는 주체는 누구인가? 답은 물론 '가족'이다. 배우자와 부모, 자녀로 구성된 가족은 예전부터 자신을 필요로 하고 소중히 대해 주는 존재로서의 기능을 수행해 왔다. 하지만 최근에는 종교적 의식이 약화되고 지역 공동체 또한 쇠퇴하는 과정에서 가족의 역할도 획기적으로 변화를 거듭해 왔다(기 보다는, '자신을 필요로 하고 소중히 대해 주는 관계'를 가족이라 부르기 시작했다는 생각이 든다).

물론 현실의 가족(부부, 부모, 자녀 등)이 아니어도 자신을 필요로 하는 누군가와 가깝고도 친밀한 관계를 구축할 수 있다. 현대 사회에서는 특별히 '자신을 필요로 하며 소중히 대해 주는 심리적 느낌'을 맛보기 위해 애완동물을 기르거나 아이돌을 응원하면서 힘을 얻기도 하며, 클럽에서 일하는 여성에게 연인 기분을 느끼기도 하는 등 일련의 '가상 가족'이 확산되고 있다. 그러나 이러한 가상의 관계 대부분은 개인이 일방적으로 선택하는 행동에 불과하며, 경제적 능력을 상실하는 순간 관계의 지속성도 중단된다. 실제로 경제적 어려움에 처하게 되면 애완동물과 아이돌은 물론, 클럽이나 단란주점의 종업원에게 도움을 기대하기는 거의 불가능할 것이다. 물론 빈곤 상태에 직면하게 되면 정부는 생활보호정책 등을 동원해서 최소한의 생활수준을 보장해 주고 필요한 돌봄을 제공해 줄 것이다. 그러나 정부는 심리적 차원의 배려나 보살핌까지 보장해 주지는 않을 것이다. 이러한 점을 고려할 때 친밀성을 유지하며 서로 의지할 수 있는 관계는 역시 가족 이외에 현실적 대안을 생각할 수 없는 시대임이 분명하다. 그럼에도 오늘날 일본에서는 가족이 사라졌기 때문에 그 누구와도 친밀한 관계 구축이 불가능한 사람들이 적지 않으리라 생각한다. 이들 대부분은 경제적 차원과 심리적 차원에서 공히 불안정한 상황에 빠지기 쉬울 뿐만 아니라 곤경에 처하기도 쉽다.

이 책에서는 충분한 보호를 받지 못하는 사람들을 '보호 난민'이라 부르듯, 가족의 지원을 받지 못하는 사람들 더불어 자신을 필요로 하고 소중히 대해 주는 존재가 없는 사람들을 '가족 난민'家族難民이라 부르고자 한다. 국제적 기준에서 볼 때 난민이란 모국에서 자행되는 박해를 피해 모국을 떠나온 후, 최소한의 삶을 영위할 수 있도록 국가적 차원의 보호를 요구하며 떠도는 사람들로 정의된다. 여기서 난민이라는 표현은 다소 센세이셔널하게 들릴 것 같다. 그렇지만 경제적으로 안정된 삶을 누릴 수 있고 심리적으로 안심하고 살수 있는 곳을 찾아 나섰건만, 그 어느 곳에도 정착하지 못한 채 이리저리 떠돌고 있는 상태를 포착하기 위해 난민 개념을 차용하는 것은 그다지 과장된 표현이 아니라 생각한다.

가족 난민을 논의하기에 앞서 명확히 해야 할 점 두 가지를 간단히 짚고 가고 싶다. 하나는 혈연으로 엮인 합법적 관계로서의 '가족'이라 해서 필연적으로 친밀한 관계가 구축된다고 볼 수는 없다는 점이다. 실제로 형제자매들끼리 각자의 배우자와 얽혀 부모 부양과 유산 상속을 두고 서로를 소중히 생각하고 배려하기는커녕 갈등하고 증오하며 맞서 싸우는 사례를 흔히 볼 수 있다. 보다 극단적으로는 배우자를 상대로 한 구타나 노부모 및 자녀를 대상으로 한 학대도 빈번하게 발생하고 있다. 그런 만큼 가족이 있다고 해도 친밀한 관계가 보장되는 것은 아님을 기억해야 할 것이다. 다른 하나는 실제로 친밀한 관계를 구축했거나 구축했을 것으로 믿는다 해도, 이관계가 영원히 지속되리라 보장할 수는 없다는 점이다. 결혼은 했지만 이혼을 할 수도 있고, 부모자녀 및 형제자매 관계가 냉랭할 수도 있다. 이럴 경우엔 차라리 '남보다도 못한 가족'이 된다. 이러한 점을 고려함에도 굳이 가족 난민이라는 용어를 사용하고자 하는 이유가 있다. 법률이 인정한 가족임에도 불구하고 진정한 의미의 가족이라 부르기 어려운 상태를 표현할 수 있으리라는 기대가 있기 때문이다. 배우자나 부모로부터 학대당하고 있는 사례를 생각해 보자. 이 경우 법률이 인정한 자신의 가족과 친밀한 관계를 박탈당한 상태에서 설상가상 박해까지 받으며 지낸다는 점에서 가족 난민 범주에 포함시킬 수 있으리라 생각한다. 이제 합법적 관계라 해도 친밀한 관계가 보장되는 것은 아니라는 사실, 그리고 친밀한 관계를 구축했다 해도 그것이 영원하리란 보장은 없다는 사실, 이 두 가지에 유의하면서 가족 난민 논의를 진행하기로 한다.

'가족 난민' 범주 가운데 가장 높은 비중을 차지하는 집단은 배우자가 없는 싱글이다. 물론 배우자가 있다 해도 친밀한 관계를 상실한 경우도 있고, 반대로 싱글이라 해도 부모, 형제 혹은 그 누군가로부터 '자신을 필요로 하는 동시에 소중히 대해 주는 존재'와 친밀한 관계를 맺고 있는 경우도 있을 것이다. 따라서 '싱글=가족 난민'이라 규정하는 단순한 등식은 성립되지 않는다. 다만 성인으로서 친밀한 관계를 구축할 수 있는 가장 현실적인 방법은 배우자를 얻는 것임이 분명하다. 일본에서는 아이를 낳고 키우려면 '반드시 결혼해야 함'을 대전제로 인식하고 있다. 미혼모로서 아이를 낳아 키우길 원한다면 물론 전혀 불가능한 것은 아니다. 그러나 싱글 남성이 아이를 갖는 것은 원천적으로 불가능하다. 싱글 여성 또한 인공 수정을 할 수는 있겠지만 파트너 없이 아이를 갖는 것은 위험한 선택이다. 따라서 비혼 싱글은 기혼 부부나 동거 커플에 비해 가족 난민이 될 가능성이 높다고 할 수 있다. 바로 여기에 사회 전반의 싱글화가 야기하게 될 문제가 자리하고 있다.

부모자녀든 형제자매든 모두 시간이 지남에 따라 소원해지는 관계이다. 반면 혈연관계도 아니고, 법률상 가족관계도 아닌 경우는 일시적으로 서로의 필요를 충족시켜 주고 소중하게 대해 줄 수는 있겠지만, 관계가 얼마나 오래도록 지속될 수 있을 것인지 여부는 제한적이다. 상황이 바뀌게 되면 자신을 희생하면서까지 상대를 소중히 대해 줄 것인지 불분명하다는 것이다. 그런 의미에서 부부관계 및 부모자녀 관계는 지금의 일본에서 가장 안정적으로 오랜 기간 지속될 '확률이 높은' 친밀한 관계임이 분명하다. 결국 싱글화 현상은 가족 난민을 생산하는 가장 주요한 원인이며, 가족 난민의 증가는 일본 사회가 지금까지 겪어 온 사회 구조적 변동의 결과라 하겠다.

싱글화된 일본 사회의 문제

싱글화는 '가족 난민'의 원인이 될 뿐만 아니라 점차 심각해지고 있는 일본의 저출산·고령화 이슈와도 밀접한 관계가 있다. 현역 생산 가능 세대의 비중이 감소하고 고령 세대의 비율이 증가하게 되면 연금 및 의료비 등을 위시하여 사회보장 전반에 걸쳐 부담을 안게 된다. 저출산·고령화야말로 일본의 미래를 논할 때 누구도 피해 갈 수 없는 사회 문제임이 분명하다. 저출산·고령화의 직접적인 원인은 물론 출생 자녀 수가 줄어들고 있기 때문이다.

<도표 1> 30~34세 미혼율 추이

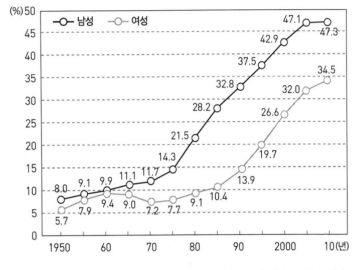

※ 배우자 관계 미상을 제외한 인구 중 미혼자 구성비
출처: 국세조사 (2005년 이전 「일본의 장기통계계열」 게재)

왜 자녀 수가 줄고 있는 것일까? 이유는 다각도로 유추할 수 있겠지만, 일본의 경우 기혼 부부가 자녀 출산을 기피하고 있다는 사실 이전에 결혼 자체를 안 하거나 못하는 비율의 증가가 가장 주요한 원인이 되고 있다. 실제로 일본에서는 1970년대 중반 이후 결혼율은 눈에 띄게 감소한 반면, 미혼율은 꾸준한 증가세를 보이고 있다(도표 1). 대신 혼외출산 비율이 극히 낮다는 사실은 일본의 특징이다. 그런 만큼 싱글의 증가는 즉각 자녀 수 감소로 이어지고, 이는 곧바로 저출산·고령화로 이어짐은 재론의 여지가 없을 것이다.

<도표 2> 18~34세 미혼자 중 교제 파트너가 없는 응답자 비율

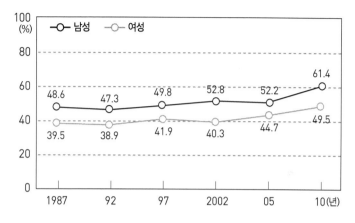

<도표 3> 중고생의 성(性)적 관심에 대한 누적 경험율

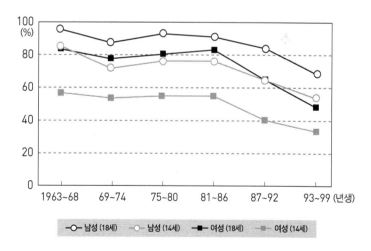

뿐만 아니라 일본에서는 미혼/비혼 싱글은 물론, 연애 상대로 친밀한 관계를 나누는 파트너가 있는 싱글의 숫자도 점점 줄어들고 있다(도표 2). 일본에서 미혼의 동거 커플 비율은 약 2퍼센트로 서구와 비교해 보면 극히 미미한 수준이라고 할 수 있는데, 이마저도 최근 5년간 지속적으로 감소 추세를 보이고 있다. 덧붙여 중·고등학교 재학중인 청소년을 대상으로 한 조사 결과, 최근 30년 동안 청소년의 성관계에 대한 관심이 큰 폭으로 저하되고 있음이 밝혀지기도 했다(도표 3).

이처럼 일본에서는 젊은 세대를 중심으로 '초식화'草食化(성격이 부드럽고 협조적이며, 연애 및 이성 관계에 있어 집착이 적은 남성 및 여성이 증가하는 현상—옮긴이)가 진행됨에 따라, 결혼율 자체가 감소하고 있을 뿐 아니라 친밀성을 나눌 수 있는 파트너를 만나거나 커플을 형성하는 힘 또한 약화되고 있다. 서양에서도 결혼에 골인하는 커플 수가 감소하고 있기는 하지만 장기간 동거하는 커플, 곧 사실혼 관계에 있는 커플의 비율이 상대적으로 높다는 점에서 일본과 좋은 대비를 이룬다. 일본은 지금과 같은 상태가 지속되면 싱글 비중이 한층 더 증가할 것이고, 그 여파로 저출산 현상이 심화될 것이 분명하다.

배우자가 있는 기혼 커플과 싱글 사이에 사회적 격차가 발생하는 것도 문제이다. 결혼 지위에 따라 계층 격차가 발생하면서 사회적 연대가 손상될 수 있기 때문이다. 예를 들어 결혼 후 자녀 양육과 교육을 책임졌던 기혼 부부들은 그들의 자녀가 훗날 고령 세대를 돌봐야만 한다는 사실에 의문을 품을 수 있다. 반대로 자녀가 없는 사람들은 자신의 세금으로 육아를 지원한다는 사실에 불만을 품는 경우도 생각해 볼 수 있다. 앞으로는 자녀의 출산과 양육을 책임져 온 집단과 평생 싱글로 지낸 집단 사이에 사회보장의 혜택을 주제로 대립과 갈등을 경험할지도 모른다. 배우자의 존재 유무에 따라 사회적 양분화가 진행되는 상황에서 싱글화 현상을 이대로 방치해도 좋을 것인지, 이에 대한 문제의식이 이 책을 쓰게 된 동기이다.

가족의 존재를 전제로 한 사회보장제도

거듭 반복하지만 이 책에서는 개인이 선택하는 삶의 양식이라 할 싱글 자체를 문제 삼아 비판할 의도는 전혀 없다. 하지만 개인이 선택하는 삶이기 때문에 당사자에게 전적으로 맡기면 된다거나, 다른 사람은 관심을 기울일 필요가 없다고 생각하는 것도 바람직한 태도는 아니라 생각한다.

무엇보다 지금은 배우자가 생존해 있다 해도 자신이 배우자보다 먼저 사망하지 않는 한, 우리 모두 언젠가는 싱글이 된다. 이혼의 가능성이 전혀 없는 것도 아니다. 상황이 이러하기에 현재 싱글들이 직면하고 있는 불안한 상황이 자신에게도 닥칠지 모른다. 언제든 가족 난민으로 전락할 가능성이 있다는 이야기다. 둘째로 자신이나 배우자가 당장 가족 난민 상황에 빠지지는 않는다 해도, 사별 혹은 이혼으로 인해 부부와 그들의 자녀 및 손자녀 세대가 향후 싱글화로 인한 문제를 짊어지게 될 가능성은 충분히 존재한다. 이 책에서도 증가하고 있는 중년 패러사이트 싱글(부모와 동거하면서 부모에게 생계를 의존하는 미혼 자녀를 의미)의 문제를 다룰 것이다.

중년 패러사이트 싱글의 경우 현재는 그들 부모가 '자신을 필요로 하고 소중히 대해 주는 존재'로서 소기의 역할을 수행하고 있을 것이다. 그러나 부모가 돌아가시고 나면, 경제적 생활 기반과 심리적 안정의 근거를 상실한 채 홀로 살아갈 수밖에 없는 가족 난민 시기가 반드시 찾아온다. 지금은 배우자 덕분에 경제적으로나 심리적으로 안정적인 생활을 영위할 수 있다 해도, 자신의 사후死後에 배우자나 자녀가 고립화된다면 어떨까? 혹 자신의 배우자나 자녀는 문제가 없다 해도, 싱글로 남아 있던 형제자매(고모 혹은 삼촌)가 자신의 자녀에게 의존하는 상황이 올 수도 있을 것이다. 싱글화 문제는 나와 직접 관계가 없다고 해서 강 건너 불구경하듯 할 수 있는 남의 일이 아니라는 이야기다.

마지막으로 개인적 차원에서 싱글화로 인해 야기되는 다양한 문제로부터 자유롭다 하더라도, 사회 전반적으로 싱글화가 진행됨으로써 싱글과 비非싱글 사이에 넘을 수 없는 간극이 형성된다면, 이를 바람직한 사회로 볼 수 있을까 하는 문제가 남는다. 어떤 형태로든 분열과 균열이 나타나 상호 연계가 불가능해지는 사회는 모두를 위해 살기 좋은 상황이라 보기는 어려울 것이다. 자신과 가족 누군가가 싱글이든 아니든, 우리는 끊임없이 자신을 향해 '분열된 사회에서 사는 것이 행복한가?'라는 질문을 해야 한다고 생각한다. 일본의 가까운 미래를 전망해 볼 때 싱글화는 결코 남의 일이 아니기 때문이다.

이 책은 싱글화 이슈에 대해 독자의 관심을 불러일으키고 싶다는 소박한 희망을 담아 『가족 난민』이라는 제목을 붙였다. 이 제목은 오늘날 일본이 직면하고 있는 사회적 격차를 상징적으로 표현하고자 한 것이다. 곧 경제력이 뒷받침되어야만 가족 구성이 가능해지는 상황에서, 가족을 이룸으로써 더욱 풍족한 생활을 누리게 된 집단 대對 경제력이 없어 가족을 형성하지 못한 채 계속 궁핍한 생활을 감당해야 하는 집단 사이의 격차를 상징하고 있다.

꾸준히 지속된 싱글화의 결과라 할 '가족 난민'은 현재 추세대로라면 20년 후인 2040년에는 부모와 동거하는 중년의 패러사이트 싱글을 중심으로 300만 명을 훌쩍 넘을 것으로 추산되고 있다(80쪽 〈도표 8〉 참조). 그럼에도 싱글화를 방지하거나 싱글화의 속도를 줄이기 위한 유효한 수단은 지금까지도 오리무중 상태에 있다. 일본의 사회보장제도는 누구나 결혼해서 가족을 형성한다는 것을 전제로 설계되어 있기 때문에, '가족 난민화'를 경험하고 있는 싱글일수록 생활상의 어려움이 배가되고 있다. 상황이 이러함에도 싱글의 '가족 난민'화를 미연에 방지하기 위해 가능한 수단과 방법을 강구하지 않고 있음은 유감이다.

우리 모두 '가족 난민'으로서의 운명을 피하려면 구체적으로 어떤 노력을 강구해야 할 것인지, 이 책을 통해 함께 생각을 나누어 보기로 하자.

1장_누가 '싱글'인가?

일본의 '싱글'과 미국의 '싱글'은 의미가 다르다?

"저 사람은 싱글이야." 이 이야기를 들을 때 여러분은 어떤 상황을 떠올리는가? 일본어로 싱글에는 두 가지 의미가 있다. 하나는 '부모, 자녀, 가족 이외에 함께 생활을 공유하는 배우자가 없다'는 의미이고, 다른 하나는 '독신 생활을 하고 있다'는 의미이다.

전자의 경우, 반드시 법률이 인정한 배우자만을 포함하는 것은 아니다. 예를 들어 현재 일본의 동성 커플은 성생활 파트너가 있고 동거(사실혼)를 하고 있다 해도 혼인신고를 할 수는 없다. 따라서 이들은 법률적 차원에서는 독신이지만, 실생활에서는 싱글이라 보기 어렵다. 이는 사실혼 관계에 있는 동거 커플도 마찬가지이다. 이 책에서는 법률제도상의 인정 여부를 떠나 친밀한 관계의 성적 파트너가 존재한다면 모두 배우자로 통칭하기로 한다.

<도표 4> 싱글의 정의

	독신세대	비독신세대 (가족 또는 비非가족 성원과 동거)
배우자 없음	좁은 의미의 싱글	넓은 의미의 싱글
배우자 있음	비싱글 (단신부임 등)	비싱글

물론 배우자라고 해서 필히 성관계를 수반한다고 할 수는 없을 것이다. 이 점은 그다지 중요하지 않기에 다른 자리에서 논의할 것이다. 배우자가 없다는 의미의 싱글 범주는 한 번도 결혼한 적 없는 미혼(혹은 비혼), 결혼 경험은 있으나 현재는 배우자와 이혼한 사람, 배우자와 사별한 사람이 포함된다. 한편 단순히 혼자 살고 있다는 것을 의미하는 후자의 싱글 범주에는 전근 등의 이유로 단신 부임單身赴任한 경우, 결혼했지만 파트너와 별거 중인 경우 등이 포함된다. 싱글 중에는 '파트너가 없다', '독신 생활을 하고 있다' 이상의 두 가지 조건을 동시에 충족하는 경우도 있지만, 파트너가 있어도 독신 생활을 하고 있거나 파트너가 없어도 부모와 동거하는 경우 또한 빈번하다. 파트너가 없는 싱글과 파트너는 없지만 부모와 동거하는 싱글은 표면적으로는 같은 싱글이지만 실상은 동등한 싱글이 아니라는 점에 주목할 필요가 있다.

이 책에서는 '함께 생활을 공유하는 배우자가 없다'는 경우를 넓은 의미의 '싱글'로 규정하고 분석을 진행하고자 한다. 즉 이 책에서의 싱글은 거주 상황과 무관하게 배우자 또는 그에 준하는 친밀한 파트너가 없는 사람을 의미한다(도표4).

미국의 싱글과 일본의 싱글이 그 의미가 다르다는 점은 흥미롭다. 일본에서는 교제 중인 연인이 있다 해도 정식으로 혼인신고를 하지 않으면 싱글이라 불린다. 반면 미국에서는 어떠할까? 미국에서 싱글이란 대표적 사회연결망서비스인 페이스북에서 제공하고 있는 '관계 상태'relationship status 항목에 함축적으로 표현되고 있다. '관계 상태' 항목의 선택지를 보면 연인 없음single, 연인 있음in a relationship, 약혼engaged, 결혼married, 그리고 복잡한 상황it's complicated(이혼소송 등 복잡한 상황에 직면한 관계로 앞의 항목에 포함되지 않는 모든 관계를 포함) 등으로 구분되어 있다.

따라서 미국에서는 애인이 있는 사람과 없는 사람을 구별한 다음, 애인이 없는 경우에만 싱글로 칭하고 있음을 알 수 있다. 미국에서는 데이트 상대와 혼인신고까지 한 배우자 사이에 분명한 단계적 차이를 설정하지 않고 있다. 대신 결혼하지 않은 경우에 한해 관계 지위를 보다 세분화하고 있다. 싱글이 아니면 대체로 기혼자라고 인식하는 일본과는 분명히 구분되는 특징이라 하겠다. 그렇다면 미국에서는 왜 싱글/비싱글의 경계를 '연인 없음/연인 있음'으로 구분하는 것일까? 그 이유로는 페이스북과 같은 SNS가 연인 찾기의 도구로 이용되고 있는 현실을 들 수 있을 것이다.

요시하라 마리吉原真里의 『Dot·Com·Loves』*에 따르면 미국에서는 인터넷상에서 만나 사귀기 시작한 커플의 비중이 높은 편이다. 그렇기 때문에 인터넷상의 대화 상대가 장차 자신의 연인이나 배우자가 될지도 모른다는 사실이 미국 네티즌들의 최대 관심사 중 하나가 되고 있다는 것이다.

반면 일본에서는 연인의 존재 유무보다 기혼이냐 미혼이냐 여부가 더욱 중요한 의미를 갖는다. 실제로 특정 상대와 오랜 기간 사귀면서 연애만 즐길 뿐 결혼을 서두르지 않으면 "빨리 결혼해서 가정을 이루라"는 주위의 잔소리에 시달리게 된다. 법률상 부부로서의 자격을 인정받는 혼인신고를 하지 않는다면, 정식 부부로 보기 어렵다는 생각 또한 일본에서는 여전히 뿌리 깊게 남아 있다. 이처럼 연애 및 결혼을 둘러싼 일본과 미국의 가치관 차이가 싱글 용어에 함축된 의미의 차이 속에서도 명백히 드러나고 있음은 흥미롭다.

싱글에도 다양한 형태가 있다

싱글은 배우자 혹은 그에 준하는 파트너가 없는 사람을 의미한다고

---

* 吉原真里, 『ドット・コム・ラヴァーズ : ネットで出会うアメリカの女と男』, 中央公論新社, 2008. 이 책은 미국에서 남녀가 인터넷을 통해 만나는 과정을 분석하고 있다. 책에 등장하는 '온라인 데이팅'은 인터넷 사이트를 이용해 데이트 상대를 찾는 것으로, 연령·직업·인종·지역을 넘어 이제는 미국 주류문화의 일부가 되고 있다. 대규모 온라인 데이팅 사이트에 직접 등록한 저자는 뉴욕에서부터 하와이에 이르기까지 다양한 배경을 갖춘 미국 남성들과 데이트를 시도한다. 첫 만남에서부터 길고 짧은 데이트를 거쳐 이별에 이르기까지 남녀 간 만남의 진실한 모습을 추적한 책이다.

앞서 밝힌 바 있다. 다만 배우자 또는 파트너가 없다는 싱글의 정의를 똑같이 충족하더라도, 결혼하고 싶어도 할 수 없는 '젊은 싱글'과 배우자와 사별 후 혼자 사는 '고령 싱글'은 그 의미가 다르다. 따라서 그들을 동일한 범주로 묶어 설명하는 것은 무리가 있다고 생각한다. 싱글이라는 표현은 동일해도 내부적으로는 다양한 형태의 싱글이 존재한다. '내력', '나이', '성별', '가족의 존재 유무', 그리고 '주체적/비주체적' 이상 다섯 가지 관점에서 싱글을 정리해 보기로 한다.

① 내력

어떤 경위로 싱글이 된 것인지, 내력에 따라 싱글을 범주화할 수 있다. 현재 일본의 인구센서스 조사에서는 배우자가 없는 경우를 '미혼' '이별' '사별'로 분류하고 있다. 남녀 간 평균 수명의 차이를 고려할 때 여성이 남성보다 싱글로서 인생의 마지막 순간을 맞이하게 될 가능성이 높음은 물론이다(2012년 일본인의 평균 수명은 남성 79.94세, 여성 86.41세로 나타나고 있다). 결국에는 남성보다 여성이 싱글로 남을 확률이 높기 때문에 내력에 따른 분류는 별 의미가 없다는 의견이 있을 수 있다.

그러나 전후 일본에서는 결혼하지 않은 상태에서 아이를 낳는 경우가 극히 희소했음을 상기할 필요가 있다. 전후 일본에서 미혼모는 극히 드문 사례일 뿐, 여성의 결혼 여부는 그대로 자녀의 유무와 직접 연계되어 있었다. 유자녀有子女 싱글과 무자녀無子女 싱글은 생활

실태는 물론, 심리적 고립의 가능성 또한 전적으로 다르리라 생각한다. 예를 들어 같은 70대 여성 싱글이라 해도 배우자와 사별한 후 자녀나 손자녀에 둘러싸여 살아가는 싱글과, 한 번도 결혼한 적 없는데다 자녀조차 없는 미혼의 싱글 사이에는 생활수준과 심리적 외로움에 있어 큰 폭의 차이가 존재한다. 곧 어떤 경위로 싱글이 되었는지 내력에 따라 자녀의 존재 여부가 결정되며, 자녀의 존재 여부에 따라 싱글로서의 삶의 질 또한 달라짐을 알 수 있다. 따라서 내력에 따른 싱글의 분류는 중요하다.

② 나이

같은 싱글이라도 20세의 싱글과 70세의 싱글은 의미하는 바가 다르다. 현재 20세 싱글이라면 언젠가는 결혼 상대를 만나 싱글 지위를 벗어날 가능성이 높을 것이다. 결혼하기 어려운 상황이 지속되고 있다고는 하지만, 지금처럼 미혼으로 생을 마감하기 보다는 언젠가 결혼할 가능성이 높은 쪽이 다수일 것임은 틀림없다.

그렇다면 70세 싱글은 어떨까? 필자는 장수 프로그램 「신혼부부 어서 오세요!」(매회 두 쌍의 신혼부부가 출연해 만남에서부터 결혼에 이르기까지 다양한 에피소드를 이야기하는 방송—옮긴이)를 시청하다가 70세 동갑내기가 뒤늦게 결혼해서 부부로 방송에 출연한 것을 보고 놀란 적이 있다. 이들 부부의 결혼 사건은 2012년에 일어났다. 두 사람의 나이를 합산하면 150세가 되니 명실공히 초고령 부부라 하겠다. 이 정도 나이의 초고령 부부는 일본에서도 예외적 사례로서, 70세 싱글이 결혼할 가능성은 대단히 희박한 만큼 대부분은 배우자가 없는 상황에서 생을 마감하게 될 것이다. 같은 싱글이라도 연령에 따라 장차 결혼 후 아이를 낳을 것인지 여부가 확연히 달라짐은 상식이다. 따라서 싱글 분석 시 연령에 따른 차이를 고려한다면 보다 현실적 분석이 되리라 확신한다.

이 책에서는 분석의 편의를 고려하여 34세까지를 '젊은 싱글', 35세부터 64세까지를 '중년 싱글', 65세 이상을 '고령 싱글'이라 칭할 것이다. 싱글 지위를 갖게 된 내력을 연령별로 추적해 보면 젊은 싱글은 미혼이 압도적으로 높은 비중을 차지하는 가운데, 중년 싱글은 이혼에 의해, 고령 싱글은 사별에 의해 싱글화되는 사례가 증가하고 있다. 연령에 따른 싱글 지위의 차이를 이해하는 것은 논의를 계속하는 데 도움이 될 것이다.

③ 성별

남성 싱글인지 여성 싱글인지 성별에 따라서도 싱글의 의미가 달라지고 생활수준도 다르게 나타난다. 전후 일본에서는 성별에 의한 가족 내 역할 분업이 보편적 규범으로 받아들여졌다. 남성은 일터로 출근하고 여성은 집에 남아 가사와 육아를 전담하며 남편의 정서까지 돌봐야 하는 전형적인 성별 역할 분업이 이루어졌다. 전통적인 성역할 분업 상황을 고려할 때 일하는 남성은 경제적 자립이 상대적으로 용이했던 반면, 정신적 스트레스는 다소 높은 편이었다. 그에 반해 여성은 경제적 독립이 어려웠던 대신, 가족을 돌보는 능력과 의사소통 능력이 뛰어났고 정신적으로 강한 면모를 보였다.

전후 일본에서는 남녀가 각각 역할을 분담하고 서로를 지원하는 가족 모델이 규범화되어 있었다. 이러한 가족 모델은 맞벌이 부부가 증가한 이후에도 일본 사회에 뿌리 깊게 잔존해 왔다. 부부가 보완적 역할을 한다는 명분하에 전통적 성역할 분업 형태를 규범화한 것이야말로 현대 일본의 싱글 문제를 심화시켰다고 할 수 있다. 전통적 성역할 모델을 전제로 한다면 남성 싱글은 배우자로부터 의당 기대되던 정서적 돌봄과 가사노동의 지원을 받지 못하며, 여성 싱글 또한 배우자에게 자연스럽게 기대해 왔던 경제적 지원을 받을 수 없게 된다.

싱글의 젠더화는 다양한 데이터에 의해 뒷받침되고 있다. 일례로 이혼이나 사별로 인한 남성 싱글의 평균 수명은 기혼자에 비해 현저히 짧다. 남성이 싱글로 남는 경우 정서적 돌봄은 물론, 건강한 식생활 등의 지원을 받지 못함으로써 심신이 피폐해지는 경향이 있음을 입증하고 있는 셈이다. 남성은 자신을 보살펴 주고 인정해 주는 이성에게 심리적으로 의존하는 데 익숙하다. 남성 자신이 이 사실을 누구보다 잘 알고 있기 때문에 남성의 재혼 희망율은 꾸준히 높아지고 있다. 사별한 후에도 홀로 강인하게 살아가는 여성 싱글과는 사정이 다르다. 그러나 다른 한편에서는 모자 가족과 고령 싱글

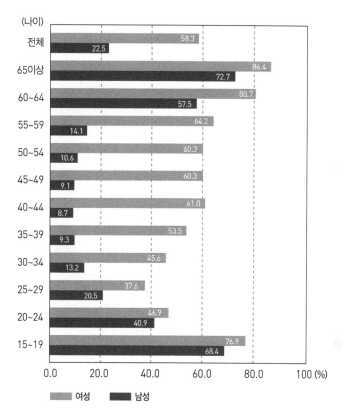

<도표 5> 비정규직 고용자 비율

(나이)

전체: 여성 58.3 / 남성 22.5
65이상: 여성 86.4 / 남성 72.7
60~64: 여성 80.7 / 남성 57.5
55~59: 여성 64.2 / 남성 14.1
50~54: 여성 60.3 / 남성 10.6
45~49: 여성 60.3 / 남성 9.1
40~44: 여성 61.0 / 남성 8.7
35~39: 여성 53.5 / 남성 9.3
30~34: 여성 45.6 / 남성 13.2
25~29: 여성 37.6 / 남성 20.5
20~24: 여성 46.9 / 남성 40.9
15~19: 여성 76.9 / 남성 68.4

0.0 20.0 40.0 60.0 80.0 100 (%)

여성 남성

※ 근무처 호칭 미상 및 후쿠시마 현의 수치를 제외한 자료임.
출처: 후생노동성 「2012년 국민생활기초조사 개황」

을 중심으로 여성의 빈곤율이 높아지고 있다. 정서적 자립도는 높아도 경제적 자립도는 낮을 수밖에 없는 여성의 열악한 상황을 짐작해 볼 수 있다.

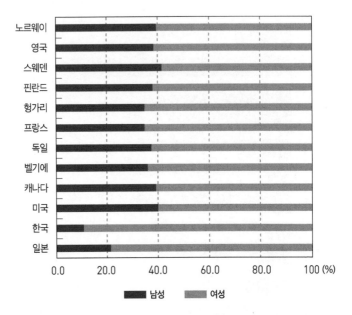

<도표 6> 가사 및 가족 돌봄 분담 비율의 각국 비교

※ '가사 및 가족 돌봄'에 관한 정의는 국가별로 차이가 있으며, 이에 소요된 총시간 측정도 국가별로 서로 다름.
출처: 총무성 통계국 「2011년 사회생활기본조사」 중
「(참고)생활시간분배의 각국 비교」에 나타난 수치를 기본으로 산출.

　　맞벌이 부부가 증가함에 따라 전후 일본의 가족 모델 또한 변화
하고 있는 것으로 알려져 있지만, 수치상으로는 지금까지 온존해 온
성별 역할 분업의 영향이 강하게 남아 있는 것으로 나타나고 있다.
비정규직 비율만 해도 여전히 여성이 남성보다 월등하게 높다(도표
5). 여성의 임금 수준 또한 남성에 비해 현저히 낮으며, 남성의 가사
노동 참가율은 선진국 중 최저 수준에 머물고 있다(도표 6). 이러한
상황이 지속되는 한 싱글 분석 시 젠더 관점을 간과해서는 안 된다

는 점을 강조하고 싶다.

④가족 유무

일반적으로 남미를 제외한 서유럽과 북유럽, 미국과 호주 등 앵글로색슨 국가에서는 자녀가 성인이 되면 부모로부터 독립해서 떨어져 살게 된다. 부모 집에 머물면서 부모와 함께 생활하는 성인 자녀는 소수에 불과하다(단, 최근에는 유럽과 미국에서도 미혼 자녀와 부모가 동거하는 기간이 연장되는 추세라 한다). 또한 커플 문화가 발달된 이곳에서는 연인과 동거하는 경우도 다반사다. 따라서 '싱글=혼자 사는 이'라는 등식이 쉽게 성립된다. 그러나 유럽과 미국 이외 지역에서는 이 등식이 반드시 성립하는 것은 아니다. 성인이 된 이후에도 계속해서 가족과 함께 생활하는 싱글 숫자가 적지 않기 때문이다. 일본도 그러한 경향이 강한 국가 중 하나다. 필자가 패러사이트 싱글이라고 이름 붙였던 바, 성인이 된 후에도 부모와 동거를 계속하는 미혼자들의 경우는 싱글이긴 하지만 그렇다고 해서 홀로 살아가는 독신생활자는 아니다. 이별로 인해 싱글이 된 '돌싱'도 이혼 후 부모에게 다시 돌아가는 경우가 증가하고 있다. 고령 싱글이나 사별 싱글도 배우자를 떠나보낸 후 자녀나 형제자매와 함께 생활하는 경우를 쉽게 찾아볼 수 있다. 일본에서는 싱글이라 해도 가족과 함께 동거하는 경우가 빈번하기에 싱글 분석 시에는 이 점을 유의해야 한다.

가족의 동거 여부뿐만 아니라 배우자 이외의 가족과 어떤 관계에 있는지도 중요하다. 규슈 지방의 한계취락限界集落* 조사를 담당했던 연구원으로부터 다음과 같은 지적 사항을 들은 바 있다. 한계취락에는 혼자 살고 있는 노인들이 많지만 대부분은 인근 도시에 아들과 딸이 살고 있고, 비상시에는 이들이 서둘러 부모를 방문한다고 한다. 이웃집까지 차로 20~30분 걸리는 경우도 허다한 호주와 미국의 농촌 지역과 비교하면, 일본에서는 한계취락에 살고 있다고 해도 그것이 곧 고립되어 있다는 의미는 아니라는 것이다. 미국이나 호주의 농촌에 견주어 본다면 이웃에 부모가 살고 있는 느낌과 다르지 않으리라는 점에서 그러하다.

이 지적에는 어느 정도 수긍할 만한 점이 있다. 호주나 미국에 비해 국토 면적이 넓지 않은 일본에서는 홀로 거주하는 싱글 노인이라도, 만일의 상황이 발생했을 경우 자식이 있다면 급히 서둘러 부모를 찾아올 수 있는 환경이 마련되어 있다. 교통이 눈부시게 발달한 오늘날은 더욱 그러하다. 편리하고 저렴한 통신 수단에 힘입어 해외에 거주하는 딸과 매일 스카이프(인터넷을 이용한 무료 통화 소프트웨어)로 대화를 나누고 있다는 고령 싱글 여성의 이야기를 들은 적이 있다.

---

* 65세 이상 고령자 비율이 50퍼센트를 넘은 취락이나 가문을 잇는 젊은이가 타지로 유출되어 집안의 관혼상제나 농업의 상부상조 등 사회적 공동 작업이 곤란하게 된 공동체, 즉 한계단지를 의미한다.

동거 가족이 존재하는지 여부도 중요할 테지만 별거하고 있더라도 가까운 곳에 가족이 거주하고 있다면, 다시 말해서 자신을 필요로 하고 소중히 대해 주는 존재가 가까이 살고 있는지의 여부가 싱글의 생활 실태 및 안정감을 좌우하게 될 것이 확실하다. 바로 이 점에서 가족 유무는 필히 고려되어야 할 요소라 하겠다.

⑤ 주체적/비주체적

자신이 스스로 원해서 싱글이 되었는지, 아니면 본인의 의지와 무관하게 싱글이 되었는지의 여부도 중요한 관점임을 잊어서는 안 될 것이다. 같은 미혼 싱글 중에는 독신생활을 즐기고 싶어 주체적으로 싱글을 선택한 경우가 있는가 하면, 결혼하고 싶은 욕구는 있지만 여러 사정으로 인해 싱글을 유지하고 있는 경우도 있다. 이별 싱글의 경우도 마찬가지이다. 스스로 원해서 이혼한 경우도 있지만, 결혼 생활을 계속 유지하고 싶었음에도 불구하고 결국 결혼 생활이 파탄으로 끝나 울며 겨자 먹기로 싱글이 된 경우도 있을 것이다. 이 책에서는 스스로 원해서 싱글을 선택한 경우를 '주체적 싱글', 본인의 의지와 달리 싱글로 남은 경우를 '비주체적 싱글'이라 부르기로 한다(우에노 지즈코는 '선택적 독신'과 '숙명적 독신'이라 이름 붙이기도 했다).

주체적 싱글과 비주체적 싱글을 구별해야 하는 이유는 주체적인지 비주체적인지에 따라 생활수준의 차이가 생길 가능성이 높기 때문이다. 미혼자로서 싱글을 희망하는 경우에는 그 희망이 틀림없이 이루어진다. 본인이 원하지 않았음에도 억지로 누군가와 결혼하는 상황은 현대 일본 사회에서는 생각조차 하기 어려운 일이다. 반면 결혼을 함으로써 싱글 생활로부터 탈출하고 싶다는 희망을 가진다한들 그 희망이 반드시 실현되리라는 보장은 없다. 이로 인해 비주체적 미혼 싱글이 발생하는 것이다.

주체적 싱글은 자원해서 싱글이 되었기 때문에 홀로 독립적으로 살아가기 위해 경제적·정신적 준비를 완비한 경우가 많다. 배우자 없이도 자립적 생활을 영위하는 동시에, 필요하다면 친밀한 관계를 구축하기 위해 최선의 노력을 경주하기도 한다. 반면 비주체적 싱글은 결혼을 기대하고 있었기 때문에 (주로 남성의 경우) 가사에 미숙하거나 정신적 자립이 결여되어 있는 경우가 다반사고, (주로 여성의 경우) 미래를 위한 경제적 준비를 게을리한 경우가 적지 않다. 요약하면 주체적 싱글은 생활상의 불안정성을 해소한 반면, 비주체적 싱글은 경제적 자립에 어려움을 겪기 쉽다(다만 자신이 원하든 원하지 않든 시간이 지남에 따라 싱글 상황이 변화한다는 점을 기억할 일이다). 스스로 싱글을 선택하느냐의 여부는 생활수준에 직접적인 영향을 주는 만큼, 싱글 지위를 분석할 때 주체적/비주체적 관점 역시 필수라 하겠다.

싱글의 증가는 저출산 및 고립화를 초래한다

프롤로그에서도 언급했듯이 싱글은 개인의 선택적 삶과 관련된 주제로서, '배우자 혹은 파트너가 없는 것이 문제'라고 평가할 수는 없을 것이다. 다양성을 존중하는 사회에서는 싱글의 삶도 사회가 인정해야 할 대안 중 하나임이 분명하다. 다만 개인적 차원에서 자유롭게 선택한 삶의 방식이 곧 싱글이라고 하는 것과, 싱글화로 인해 사회 문제가 발생하게 된다는 것은 별개의 차원임을 인식해야 한다.

싱글의 증가가 사회 문제로 부상하게 되는 것은 다음의 두 가지 측면 때문이다. 첫째는 싱글화가 저출산을 초래한다는 점이다. 출산은 대부분의 경우 결혼한 남녀 사이에서 이루어진다. 물론 법률의 보호 밖에 존재하는 커플 사이에서도 출산이 이루어지지만, 기본적으로 자녀의 출산은 합법적 부부 간의 성관계를 통해 진행된다. 생식 의학의 발달로 인해 성관계를 하지 않고도 여성 혼자 아이를 낳는 것이 기술적으로 가능해졌지만 일반화되어 있다고 볼 수는 없다. 싱글화가 진행될 경우, 특히 평생 미혼(사실혼 관계도 아니고, 동거도 하지 않는다는 의미에서) 집단이 증가하게 되면 그에 부응하여 태어날 아이들 수가 줄어들게 된다. 저출산으로 인해 태어날 아이들 수가 줄어들면, 노동 인구가 감소하게 되어 사회적 생산력의 하락을 경험하게 된다. 결국 사회적 재생산 관점에서 싱글 이슈가 위기를 야기하게 되는 것이다.

둘째는 싱글화와 '사회적 배제'social exclusion 사이에 밀접한 관계를 초래함으로써 사회 문제를 야기한다는 점이다. 이시다 미쓰노리 石田光規* 교수의 조사에 따르면 싱글은 사회적으로 소외되고 고립될 가능성이 높다는 사실이 밝혀진 바 있다(이시다 미쓰노리, 『고립의 사회학』).

사회 관계망으로부터 탈락되는 사회적 배제의 반대편에는 — 사회적 연결망에 둘러싸인 — '사회적 포용'social inclusion이 존재한다. 이는 프롤로그에서 언급했던 바, '자신을 필요로 하고 소중히 대해 주는 상대'가 존재하는 상황이다. 현대 사회에서는 가족이 경제적 포용과 심리적 포용 두 가지 기능을 담당해 왔다고 할 수 있다.

오늘날의 가족은 '자녀 중심적' 특성이 두드러지긴 하지만, 자녀도 성인이 되면 자신의 가족을 구성해야만 한다. 덕분에 '결혼을 안 하면 온전한 어른이 못 된다'는 이야기가 회자되는 가운데, 일반적으로 부부는 경제 공동체로서 일체가 된다. 성별 역할 분업으로 인해 남편은 출근하고 부인은 가사와 양육을 전담한다 해도, 혹은

---

* 와세다대학교 교수로 사회적 고립, 네트워크론, 지역복지 등을 주제로 연구하고 있다. 그의 대표 저서인 『고립의 사회학 : 무연사회의 처방전』(『孤立の社会学 : 無縁社会の処方箋』, 勁草書房, 2011)에서는 인간관계야말로 사람들이 살아가는 데 필수불가결한 요소임을 밝히면서 인간관계의 결손이 사람들의 생명까지 위협하고 있음을 증명하고 있다. 이 책은 공식 통계, 설문지 조사, 인터뷰 등 다양한 방법의 사회조사 데이터를 기반으로 일본 사회 인간관계의 현황 및 고립의 실태를 생생하게 포착하고 있으며, 가족, 격차, 젠더, 지역 등의 변수가 일본 사회의 구조적 문제와 잠재적으로 연계되어 있음을 밝히고 있다.

맞벌이 부부로서 부부 사이에 소득 격차가 존재한다 해도, 부부 중 한쪽이 경제적으로 풍요로운 생활을 하고 있는데 나머지 한쪽이 궁핍한 생활을 하는 경우는 찾아보기 어렵다. 경제활동을 홀로 하는 외벌이든 함께 하는 맞벌이든 가족은 경제 공동체를 유지해 간다. 또한 부부는 심리적으로도 매우 강하게 연결되어 있다. 불행한 결혼 생활을 하는 부부도 물론 있지만, 부부란 서로에 대한 애정을 품은 상태에서 배우자로 인해 정서적 안정을 얻는 관계라 할 수 있다. 따라서 결혼을 통해 가족을 형성한 비非싱글은 경제적으로나 심리적으로나 사회적 포용 상황에 근접해 있다 할 것이다.

반면 싱글은 어떨까? 싱글은 배우자가 제공해 줄 것으로 기대되는 경제적·심리적 지원을 기대할 수 없다. 그에 따라 경제적으로나 심리적으로나 자립을 도모하지 않을 수 없는 존재가 바로 싱글이다. 자립할 수 없는 경우에는 배우자 이외에 경제적·정서적으로 지원해 주는 존재가 필요하다. 3장에서 상세히 설명하게 될 패러사이트 싱글 사례는 성인이 되어서도 부모로부터 상당한 지원을 받는 경우가 적지 않다. 하지만 이 경우에는 비싱글과 비교할 때 사회적 포용 수준에 있어 일정한 한계가 존재한다. 누구에게도 의지하지 않고 경제적·정신적 자립을 도모하는 것이 어려운 싱글의 경우는 사회적 포용을 결여한 채 고립화될 위험성이 높아진다. 그러한 위험 상황이 표면 위로 떠올랐음을 포착한 개념이 바로 '무연사회'無緣社會 (홀로 살다 홀로 죽는 사회. 무연사無緣死란 모든 인간관계가 끊긴 상태에서 거두어 줄 사람 없이 홀로 죽음을 맞이함을 뜻한다—옮긴이)이다. 일본에서는 연간 3만 2000여 명이 고독사를 맞이하는 것으로 밝혀지고 있다.

물론 싱글이라고 해서 모두가 사회적으로 고립되는 것은 아니다. 요즘 애완동물을 키우는 싱글이 증가하고 있다고 하는데, 이들에게 애완동물은 마음의 버팀목이 되어 주는 가족의 일원이라 할 수 있다. 정상가족 범주에는 들지 않지만 유사가족의 일원이 될 수 있을 것 같다. 최근 일본에서 유행 중인 셰어하우스의 셰어메이트는 유사가족의 좋은 실례라 할 수 있다. 실제로 우에노 지즈코 교수의 주장대로 내 인생에 친한 친구가 몇 명이라도 존재한다면 배우자 이상으로 친밀한 정서적 유대를 만들어 갈 수 있을지도 모른다. 이 문제와 관련된 '준가족'準家族의 존재는 5장에서 자세히 소개할 예정이다. 다만 지금 이 자리에서 고민해 보아야 하는 문제는 만일의 비상상황에서도 '준가족' 성원에게 실질적으로 의지할 수 있을지, '준가족'은 우리가 기대하고 필요로 하는 경제적·정서적 지원을 충분히 보장해 줄 수 있을지의 여부이다. 예를 들어 질병 치료를 위해 100만 엔이 필요하게 되었다 치자. 이때 애완동물이 치료비를 대신 내주리라 기대하는 것은 불가능할 테고, 셰어메이트나 친한 친구가 선뜻 비용을 내줄 것인지 또한 의문이다. 필자는 학생들을 대상으로 '아플 때 기꺼이 돈을 내줄 수 있는 상대는 누구일까' 같은 질문을 자주 하곤 한다. 그럴 때마다 무조건 돈을 내줄 수 있는 상대는 부모와 피를 나눈 형제까지라는 답이 우세한 것으로 나타났고, 배우자의 형제라면 주저할 것 같다는 응답이 높은 비중을 차지했다.

혈연관계에 있거나 호적상 연결되어 있는 가족이라 해도 위급한 상황에서 돈을 대신 내줄지 여부가 불분명하다는 사실을 고려할 때, 친한 친구나 셰어하우스에서 만난 셰어메이트에게 의지하는 것은 상당한 위험이 따르리라 생각된다. 그 중에는 물론 드물긴 해도 기꺼이 돈을 내주는 사람이 있을지도 모른다. 그렇다고 해도 극히 일부의 예외적 상황을 일반화하여 만일의 사태가 발생한다면 필히 나에게 도움을 줄 것이라 믿고 의지하는 것은 위험하기 그지없다. 이는 참으로 슬픈 현실이 아닐 수 없지만 말이다.

여기서 고립화는 싱글만의 문제가 아니라는 점을 반드시 기억할 필요가 있다. 비싱글이라 해서 사회적 고립의 위험성이 제로가 되는 것 또한 아니다. 1970~80년대 일본에서는 서로의 존재를 소중히 생각하지 않는 부부관계가 사회 문제로 부상한 적이 있다. 고립된 비싱글은 자립을 준비해 온 주체적 싱글보다 심각한 문제를 야기할 가능성이 높다. 지금도 이런 고민을 안고 사는 부부가 적지 않은 바, 이 문제는 따로 자리를 마련해서 다루기로 한다. 즉 고립화된 싱글만의 문제는 아니지만, 비싱글보다는 싱글이 만일의 위기에 닥쳤을 때 경제적·심리적으로 도움을 주는 사람이 없는 열악한 상황에 노출되기 쉬운 것만은 틀림없는 현실이다.

싱글화는 어떤 현상인가?

이 자리에 오기까지 '싱글화'에 대해 명료한 정의를 시도하지 않은 채 별다른 설명 없이 싱글화 개념을 사용해 왔다. 실상 싱글화에는 두 가지 의미가 있다. 양적 변화로서의 싱글화와 질적 변화로서의 싱글화가 그것이다. 우선 양적 변화의 측면부터 살펴보기로 한다. 특정 시점에서 인구 구성비를 조사했을 때, 과거보다 싱글(배우자가 없다는 의미)이 증가하고 있다면 싱글이 양적 증가세를 보이고 있다거나 사회가 싱글화되고 있다고 칭할 수 있을 것이다. 그러나 이는 싱글화 현상을 특정 시점에서 횡단적(가로축)으로 보았을 때의 관점이다. 싱글화를 논할 때는 종단적(세로축) 관점에서 나타나는 변화에도 주목할 필요가 있다. 종단적 관점이란 개인의 라이프코스(인생의 길)를 토대로 한 시각이다.

한 개인의 일생을 따라 가노라면 기혼자도 싱글 기간을 경험한다. 생애주기 동안 싱글 기간을 전혀 경험하지 않는 경우는 결혼 가능 연령대(현재 일본에서는 남성 18세, 여성 16세이다)에 이르렀을 때 결혼하고, 백년해로한 후 배우자보다 먼저 사망할 때뿐이다. 배우자보다 먼저 사망하는 비율은 대략 기혼 부부의 절반에 이르지만, 결혼 가능 연령이 되었을 때 지체하지 않고 결혼에 골인하는 비율은 매우 적을 것으로 추정된다. 따라서 현대인이라면 누구나 원칙적으로 싱글 시기를 경험한다 해도 지나친 주장은 아닐 것이다. 생애주기상 싱글 기간이 발생하는 시기는 청년기의 미혼 시기에 더해, 중년기에 이혼 후 싱글로 나타나기도 하고 고령기에도 사별로 인해 싱글 기간이 출현하게 된다. 종단적 관점에서 볼 때 싱글화는 생애주기상 싱글 기간이 연장되고 있음을 의미한다. 청년기의 미혼 싱글 기간은 만혼화 및 비혼화로 인해 길어지고 있고, 이혼율의 증가는 지금까지 비싱글이 대세였던 중년기에도 싱글 기간이 출현하기 시작했음을 뜻한다. 이 이외에 다른 이유는 생각하기 어려울 것 같다. 또한 고령자의 평균 수명이 길어지면서 싱글 내력에 관계없이 고령자의 싱글 기간도 장기화되고 있다.

특히 전반적 싱글화에 가장 큰 영향을 미친 요인으로 미혼화에 따른 싱글 기간의 연장을 들 수 있다. 이로 인해 생애 미혼율(45~49세와 50~54세 미혼율의 평균치로 측정)은 2010년 기준 이미 남성 20퍼센트, 여성은 10퍼센트를 넘어섰다(도표 7). 그밖에도 국립사회보장·인구문제연구소에 따르면 생애 미혼율은 가까운 미래에 더 높아질 것으로 예측되어 남성 30퍼센트, 여성은 22퍼센트 수준이 될 것이라 한다. 결국 만혼화·비혼화, 이혼의 증가, 장수화의 영향으로 개인의 생애주기상 싱글을 경험하는 기간이 연장되고 있는 바, 이는 횡단적 관점에서 볼 때의 양적 변화이다. 가로 횡단적 관점이 사회를 평면으로 잘라 관찰하는 것이라면, 세로 종단적 관점은 개인의 시간 축을 따라 관찰하는 것이다. 앞의 관점에서 문제가 되는 것은 인원수이며, 뒤의 관점에서는 기간이 문제가 된다는 점에서 차이는 있지만, 모두 같은 대상을 관찰하고 있다는 사실에는 변함이 없다.

<도표 7> 생애 미혼율 추이

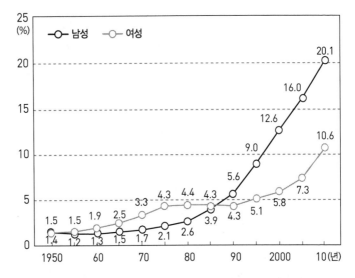

※ 배우자 관계 미상을 제외한 인구 가운데 미혼자 구성비,
생애 미혼율은 45~49세와 50~54세 미혼율의 평균치로 50세의 미혼율에 상당함.
출처: 국세조사 자료를 기반으로 재구성

사회는 개인의 집합체이므로 개인의 싱글 기간이 연장되면 횡단적 관점에서 싱글 범주의 인원수가 증가하는 결과로 나타나게 된다. 현재 일본의 상황은 횡단적으로나 종단적으로나 어느 관점에서 보더라도 싱글 비율이 양적으로 증가하고 있음을 부인할 수 없다.

그렇다면 또 다른 차원의 질적 변화는 무엇일까? 일본에서는 불과 20~30년 전까지만 해도 싱글 현상 자체가 심각한 문제로 여겨지지 않았다. 싱글이라 해도 대부분은 가족이나 친족 연결망에 포섭되어 고립된 존재로 남아 있지 않았기 때문이다. 자세한 내용은 2장 이후 논의하겠지만, 결혼을 하지 못한 채 비주체적 싱글로 남게 되었다 해도 부모나 형제, 조카가 돌봐 주었던 시대가 있었다. 당시에는 이별 싱글도 부모 곁으로 돌아가는 것이 일반적이었고, 사별·고령 싱글도 대부분은 자녀들로부터 경제적·심리적 보호를 받을 수 있었다. 그러나 지금은 상황이 바뀌어 형제자매나 조카의 보살핌을 받는 경우는 거의 사라졌다. 뿐만 아니라 부모 세대가 자녀 세대보다 빨리 사망하기 때문에 부모가 제공하는 '사회적 포용'은 비교적 관계가 좋았다 하더라도 평생 지속 가능한 것은 아니라는 한계를 갖는다.

그렇다면 부모 이외의 가족은 어떨까? 평균 자녀 수의 감소로 인해 형제자매 수가 감소하고 있음은 주지의 사실이다. 비혼화 및 만혼화로 인해 무자녀 중년 싱글도 증가하고 있는 만큼, 같은 싱글이라 해도 지금의 현역 세대 싱글은 이전의 가족과 비교해 보면 혈연 가족이 없는 상황에 놓일 가능성이 높다. 설혹 혈연 가족이 있다 하더라도 다양한 상황적 요인으로 인해 가족 본연의 기능을 수행하지 못하는 경우 또한 늘고 있다. 생활에 지친 중년 싱글이 자살을 계획하거나, 고령 싱글을 간호하던 자녀가 부모를 학대하는 사건이 증가하고 있는 것이다. 실제로 부모가 구조조정 대상이 됨으로써 부모에게 의지할 수 없는 젊은 싱글도 있다. 형제자매, 조카·질녀, 친삼촌·외삼촌, 고모·이모가 있다 하더라도, 이들은 더 이상 자신을 위해 무엇이든 해주며 믿고 의지할 수 있는 존재가 아니다. 지금으로서는 기껏해야 개인 스스로 자신의 생활을 보호하고자 최선의 노력을 경주할 수 있을 뿐이다. 혈연관계라 하더라도 가족이 아닌 이들을 지켜 줄만한 여유를 상실해 가고 있는 사례가 증가하고 있는 셈이다.

싱글이자 동시에 가족을 갖지 못한 상황에 놓인 사람이 증가하고 있음은, 혈연 가족이 있다 하더라도 친밀한 관계 구축이 어렵다는 사실을 의미한다. 한때는 가족의 포용 내지 포섭 대상이었던 싱글들이 지금은 거처를 잃어버린 채 고립화의 길을 걷고 있다. 이것이 싱글화를 둘러싼 질적 변화이다.

향후 20만 명이 고독사를 앞두고 있다!?

싱글의 숫자가 양적으로 증가하는 동시에, 질적으로 고립화가 확대되는 현상을 이 책에서는 '싱글화'라 부르기로 한다. 싱글화는 안타깝게도 강 건너 불구경하듯 할 수 있는 남의 일이 아니다. 개인 또는 가족이 싱글화가 되어 사회로부터 소외될 가능성은 누구에게나 상존한다.

NHK에서 방영된 다큐멘터리 「무연사회」는 연간 3만 2000명이 고독사에 이르는 현실을 생생하게 보여주었다. 현재 평균기대수명 연령대에 이른 기성세대의 미혼율은 약 3퍼센트에 불과하다. 최근 일본의 연간 사망자수는 125만 명으로, 평균기대수명에 다다른 미혼자 수와 고독사 수가 거의 일치하고 있다. 하지만 고독사에 직면하게 되는 상황이 모두 동일하지는 않을 것이다. 미혼이지만 형제, 조카·질녀 등의 보살핌을 받는 경우도 있을 것이고, 기혼이지만 자녀가 없는 사별 싱글도 있을 것이며, 자녀가 있어도 연락이 두절되어 이별 후 고독사하는 경우도 있을 것이다. 다만, 숫자상으로 미혼자와 고독사로 판명된 사람들 다수가 중복될 것이라는 추측은 가능하다.

만약 미혼자와 고독사 대부분이 중복된다고 한다면 2010년 기준 50세 시점에서 남성 생애 미혼율은 20퍼센트, 여성 생애 미혼율은 10퍼센트(남녀 평균 15퍼센트)에 이르게 된다. 실로 두려운 수치이다. 지금으로부터 20년 후인 2040년에는 연간 약 150만 명의 사망자 가운데 15퍼센트에 달하는 20만 명 이상이 고독사를 맞이할 가능성을 시사하고 있기 때문이다(80세를 사망 기준으로 했을 때). 여기에 이혼한 경우, 가족과 연을 끊은 경우, 자녀가 없는 경우 등의 사망자를 더한다면 고독사로 인한 사망자 수는 30만 명으로 증가할 것으로 예상된다.

이러한 추세가 지속된다면 생애 미혼율은 앞으로도 계속 증가할 가능성이 다분하다. 이에 따라 고독사의 위험에 노출되는 비율 또한 증가할 것이 확실하다. 자신을 간호해 줄 가족마저 상실한 사람들이 점차 늘어나는 사회를 향해 가고 있는 셈이다. 앞으로 고독사의 주인공은 자신이 될 수도 있고, 자신의 소중한 가족이 될 수도 있다. 너무 앞서가고 싶지는 않지만, 싱글화의 진전에 따라 고독사의 위험 또한 증가하고 있음을 필히 인식해야 한다는 것을 강조하고 싶다.

2장_'가족'과 '싱글'을 둘러싼
전후 일본 사회의 상식 두 가지

전전戰前 시대의 싱글은 고립되지 않았다

싱글화가 문제시되기 시작한 것은 극히 최근의 일이다. 싱글 자체는 어느 시대에나 존재했다. 이는 일본에만 해당되는 이야기가 아니다. 동서양을 불문하고 모든 사회에는 싱글이 존재해 왔다. 오히려 전쟁 이후부터 1990년대까지 일본은 싱글 비율이 극히 낮은 사회였다는 점과, 역사적으로 볼 때 싱글이 희소했던 시대가 드물었다는 점을 부연해 둔다. 그렇다면 예전의 싱글은 왜 오늘날처럼 문제시되지 않았던 것일까? 그 이유는 싱글도 사회 속에서 자연스럽게 포용되어 고립되지 않았기 때문이다. 유럽은 물론, 일본을 위시한 아시아 국가에서도 싱글의 지위가 사회적 차원에서 적절히 자리매김되어 있었고, 싱글 스스로도 자신이 머물 거처를 지니고 있는 경우가 대부분이었다.

그러했던 싱글이 어떠한 변화의 흐름 속에서 사회적 포용 대신 사회적 배제를 경험하게 된 것인지, 싱글의 역사를 되돌아보면서 의문을 풀어 보기로 한다.

현대 사회 이전의 전통 사회에서도 싱글은 존재하고 있었다. 대체로는 이른 나이에 결혼했지만, 사망률이 높았기 때문에 사별로 인한 싱글 비율이 높았고 이혼 또한 드문 일은 아니었다. 또한 재혼하는 비율도 적지 않았다. 다만 전통 사회의 싱글은 지역사회의 일원으로서, 가족의 구성원으로서 뚜렷한 거처를 지니고 있었다. 여기서 지목한 거처에는 두 가지 의미가 포함되어 있다. 하나는 문자 그대로 대가족의 구성원으로서 살아가는 곳이라는 의미의 거처다. 당시는 미혼이라면 부모, 형제, 혹은 형제자매의 자녀들과 함께 사는 것이 일반적이었고, 사별이나 이혼으로 싱글이 되었다면 친가로 돌아가는 것이 자연스러웠던 만큼, 싱글에게도 공동생활이 가능한 장소가 확보되어 있었다고 할 수 있다. 전통 사회는 대가족과 친족 그리고 지역사회를 중심으로 구성되어 있었기에, 결혼하지 않은 미혼은 물론이고 이혼·사별한 경우도 일련의 거처가 마련되어 있었던 셈이다.

다른 하나는 가업이 이루어지는 곳으로서의 거처를 의미한다. 전통 사회는 농업 중심 사회로서 가족이 총출동하여 농사를 지었다. 일손은 많으면 많을수록 좋았기에, 싱글 여부와 관계없이 집안의 일손을 돕는다는 것이 모두에게 바람직하다고 여겨지는 상황이었다.

이는 농업 중심의 전통 사회에 국한된 이야기가 아니라 소규모 상공업이 중심이었던 전근대 사회에도 해당되는 이야기로, 가업의 중심지에 모두를 위한 거처가 마련되어 있었다. 뿐만 아니라 숫자는 많지 않지만 절이나 교회 등의 종교 시설에서 싱글을 포용하는 경우도 있었다. 종교개혁 이전의 유럽에서는 가톨릭 신부(신부는 미혼이어야 한다) 지망생 남성과 수도원에 들어가는 싱글 여성이 있었다. 일본에서도 미혼이든 이별이든 사별이든 관계없이 싱글이면 여승이 되는 사례가 적지 않았다. 친자식이 없었던 도요토미 히데요시의 정실 네네는 히데요시 사후 출가하여 비구니가 되었다. 네네처럼 역사에 이름을 남긴 상류층이 아니어도, 미혼으로서 비구니가 되거나 이별·사별 후 종교에 귀의하는 것은 드문 일이 아니었다. 남성의 경우는 신부나 승관으로서 교회나 절에 거처를 얻는 방법이 있었다. 종교 시설과 별도로 용병으로서 군대 내 지위를 얻는 경우도 있었다. 사회적으로 싱글을 포용하는 조직이 준비되어 있었던 셈이다. 어떤 경로로 싱글이 되었든 내력과 상관없이 가족이 없는 싱글도 사회에 포섭되어 무사히 생을 마무리할 수 있었다.

이에家 제도와 싱글의 관계

전통 사회에서 싱글은 사회적으로 고립되지 않은 존재였고, 어떤 형태로든 싱글을 위한 거처가 마련되어 있었음을 살펴보았다. 그렇다면 일본의 싱글은 이에家(직계가족) 제도하에서 어떤 상황에 놓여 있었는지 조금 더 살펴보기로 하자.

메이지 시대(1868~1912) 이후 제2차 세계대전을 거치며 근대화가 진행되는 동안 일본의 싱글 비율은 비교적 높은 편이었다. 전쟁 전에도 일본의 생애 미혼율과 이혼율은 비교적 높은 편이었고, 혼외 출산율도 적지 않았다. 혼외 자녀의 어머니는 사실상 일부다처제하의 아내였지만, 법률적으로는 싱글로 남아 있었다. 혼외 자녀의 비율은 메이지 말경 약 10퍼센트에 도달했다고 전해진다. 당시에는 사실상의 아내 대우를 받았지만 법률상 싱글로 남아 있던 여성의 숫자가 오늘날보다 훨씬 많았던 것으로 추측된다.

메이지 시대부터 전쟁 이전까지 싱글은 다양한 형태로 존재하고 있었지만 오늘날의 싱글과 본질적으로 다른 이유가 두 가지 있다. 하나는 개인의 생애주기에서 싱글로 지내는 기간이 짧았다는 점이다. 전쟁 전에는 젊은 나이에 결혼했고, 평균 수명은 지금보다 현저하게 짧았다. 따라서 싱글의 숫자는 많았으나 싱글 기간은 오늘날에 비해 상대적으로 단기간에 머물렀다. 다른 하나는 문자 그대로 홀로 사는 싱글이 매우 드물었다는 점이다. 지금도 여전히 남아 있지만 일본에서는 남녀 모두 결혼할 때까지 부모와 동거하는 관행이 있었다. 미혼 시절 일시적으로 집을 떠나는 경우는 있었지만, 이때도 지주나 부농, 아니면 부유한 상인에게 고용되어 함께 일하는 사람들과 공동생활을 했기에 독립해서 혼자 산다고 보기는 어려운 상황이었다.

이 대목에서 아시아 전역으로 방송되면서 큰 인기를 끌던 NHK의 연속 TV소설 「오싱」*의 스토리를 다시금 기억해 보길 권유한다. 드라마에서는 학교에 입학할 어린 나이에 입에 풀칠하기도 어려운 가족의 생계 부담을 조금이라도 덜기 위해, 부유한 상인 집에 고용되어 허드렛일을 하면서 상인 가족과 함께 생활하는 오싱의 모습이 실감나게 그려졌다. 오늘날의 젊은 세대는 그러한 상황을 상상조차 할 수 없을 것이다. 2013년 영화로 리메이크된 「오싱」을 보면 당시의 상황이 생생히 재현되고 있다.

산업화가 진행됨에 따라 「오싱」에도 등장했듯이 남의 집 고용살이를 했던 젊은 싱글 여성 일부가 공장 노동자로 일하게 되었다. 다이쇼 시대(1912~1926)의 작가 호소이 와키조細井和喜蔵**의 소설 『여공 애사』의 배경이 되기도 했던 이들 여공의 일터는 방적 공장이 주를 이루었다. 일본의 공업화는 가내 공업에서 시작된 덕분에 방적 공업 분야에 다수의 미혼 여성이 공장 노동자로 일하고 있었다. 이들은 방적 공장의 여공으로 일하는 동안 공장주가 제공하는 기숙사

---

* 일본 현대사를 배경으로 한 NHK TV소설 드라마. 슈퍼마켓 체인의 설립자로서 부사장 자리까지 오른 오싱 할머니의 파란만장했던 80년간의 생애를 다루고 있다.

** 1897~1925. 다이쇼 시대의 소설가. 공장에 근무하는 아내와 자신의 경험에 기초한 기록 문학 『여공 애사』(『女工哀史』, 岩波書店, 1925)를 출판했다. 『여공 애사』에는 방적, 제사 등의 섬유 산업을 중심으로 한 경공업을 기반으로 일본에서 독점 자본주의가 형성되는 과정이 담겨 있다. 저자는 일본 자본주의의 전개 과정 및 그 이면에는 기만적인 여공 모집, 심야 작업의 일상화, 공장 관리자에 의한 학대와 벌금 제도, 인격을 무시당한 채 소처럼 일하는 여성 노동자 등이 존재함을 적나라하게 그려 냈다.

에 머물면서 공동생활을 했던 것으로 알려져 있다. 여기서 미혼 싱글 여성들에게는 공장에서 함께 생활하는 동료들이 있었다는 점에 주목할 필요가 있을 것 같다. 시간이 흘러 혼인 적령기에 이르게 되면, 싱글 여성들은 맞선을 보거나 연애결혼을 함으로써 싱글 지위를 벗어나곤 했다.

한편 일본의 남성들은 징병 제도로 인해 대부분 최소 한 번은 부모 슬하를 떠나 공동생활을 경험하게 되는 관행이 있었다. 결혼한 장자長子부부(일반적으로 장남 부부를 지칭하며, 딸만 둔 경우는 데릴사위와 딸 부부를 의미한다—옮긴이)는 이에 제도하의 규범 및 관례에 따라 결혼 후에도 부모와 확대가족을 이루며 살았다. 가족 중 배우자가 사망함으로써 사별 싱글이 된 경우에는 부모를 대신하여 장남 부부와 동거하는 사례가 일반적이었다. 홀로 남았다 해도 원칙적으로는 독신 생활을 하지 않았다. 자녀가 없는 부부는 입양을 선택하는 사례가 빈번했기에 독거노인으로 노후를 맞이하는 비율은 상대적으로 희소했다. 물론 후계자가 없어 대代가 끊기는 집안도 있었지만 그런 경우는 예외로 간주되곤 했다.

평생 독신 싱글로 보낸 경우도 혼자 살지는 않았다. 평생 독신 싱글 또한 이에 제도하에서 대가족의 보살핌을 받았다. 미혼자는 부모와 계속 동거를 하였다. 부모는 장자 부부가 모시는 관행이 있었기에 미혼 자녀는 부모와 장남 부부, 그리고 사촌들과 함께 거주하는 것이 일반적이었다. 부모가 돌아가신 후에는 맏아들 부부, 곧 미혼자 입장에서는 형제자매의 보호를 받으며 함께 생활하는 것이 관례였다. 형제나 자매가 사망할 경우에는 질녀나 조카와 함께 생활을 이어갔다. 부농이나 호상豪商 가문에서 태어난 딸은 자신의 가문에 걸맞은 결혼 상대를 만나지 못해 결국 결혼을 못하는 경우도 종종 나타났다. 이런 상황일 경우 부모의 집 부지에 지은 별채에서 여생을 보냈다.

고모할머니가 등장하는 만화가 오시마 유미코大島弓子의 에세이 만화가 떠오른다. 오시마 씨는 별채에 살던 돌아가신 할아버지의 여동생인 고모할머니를 추억하며, 어린 시절 고모할머니 댁에 자주 들러서 신나게 놀았던 경험들을 만화로 그렸다(「나의 지붕 위에 눈이 쌓여」, 『매일이 여름방학』에 수록). 오시마 씨는 소녀만화계에서 '꽃 24년조'花の24年組(쇼와 24년인 1949년생으로 1970년대 소녀만화를 리드한 사람들) 중 한 명이다. 만화를 통해 미루어 짐작컨대 적어도 오시마 씨가 어린 시절을 보냈던 1955년 무렵까지만 해도, 별채에 사는 고모할머니가 대가족의 일원으로 보살핌을 받았던 것은 특별한 사례가 아니었음을 알 수 있다.

당시의 관행 중에는 미혼의 차남이나 삼남을 다른 가족에게 입양 보내는 경우도 있었고, 자신이 태어난 집에 머물면서 집안일을 돌보며 평생을 싱글로 보내기도 했다. 결혼하지 않은 싱글은 대부분이 이에 제도하에서 맏아들 부부와 함께 살면서 필요한 보호를 받았다. 결혼하지 않은 채 싱글로 남아 있다고 해서 홀로 고립되는 경우는 거의 찾아보기 어려웠다. 물론 도시에는 직장을 다니거나 진학 등을 이유로 집을 떠나 홀로 생활하는 싱글도 있었다. 그러나 이 경우도 대부분은 결혼 전까지 일시적 싱글 생활을 하는 것일 뿐, 당장 결혼하는 것이 여의치 않을 때는 부모 집으로 되돌아가는 것이 다반사였다. 이처럼 다양한 상황을 두루 고려해 볼 때 당시는 혼자 사는 싱글이라 해도 넓은 의미의 대가족이라 할 이에^家의 구성원으로 인식되고 있었고, 독신 생활을 하더라도 잠시 가족을 떠나 파견된 것일 뿐 실제로는 대가족의 일원이라는 정체성을 유지하고 있었다.

그렇다면 당시 일본의 이에 제도는 어떻게 싱글 생활을 포용할 수 있었을까? 그 이유는 이에 제도의 기반이 '가업'^{家業}에 있었기 때문이라고 생각한다. 메이지 시대부터 전전^{戰前} 시기까지는 농업을 생업으로 삼는 비중이 매우 높았다. 이 중 대부분은 소작농이었다. 농업 다음으로는 음식점 경영 등의 소규모 자영업자 비중이 상대적으로 높았고, 지금 현대인에게 익숙한 직장인은 소수였다.

가업을 잇는 상황에서는 가족이 직원 역할을 수행하기도 했다. 이로 인해 싱글 한 명이 가족에 합류하는 것은 부양가족이 한 명 더 늘어난다는 의미도 있었지만, 동시에 근로자가 한 명 더 늘어남을 의미하기도 했다. 이처럼 가업을 이어갈 당사자가 늘어나는 것이었기에, 이에 제도하에 내재한 경영체적 특성을 이해한다면 싱글을 받아들이는 것이 부정적인 것만은 아니었음을 짐작해 볼 수 있다.

지금까지 살펴본 바 메이지 시대에서 전전 시기까지는 싱글의 존재가 비교적 높은 비중을 차지했지만, 문자 그대로 혼자 사는 싱글은 극소수에 불과했다. 따라서 예외적으로 독신 생활을 하는 싱글은 그 자체만으로 일종의 사회 문제로 간주되기도 했다.

전전 시대의 사회학자 도다 데이조戶田貞三*는 도시에 거주하는 독신을 대상으로 실증적 연구에 집중하면서 싱글의 문제를 이론화하는 작업에 주력했다. 당시는 산업화 및 공업화의 진전과 더불어 도시 인구가 증가함에 따라 혼인하지 않은 채 독립하는 싱글이 증가하던 시기다. 도다 교수는 치안이야말로 가족의 핵심 기능이라 파악했기 때문에, 고립된 싱글이 처한 치안 부재 상태를 사회 문제로 간주했다. 그리하여 다양한 방법을 동원해서 고립된 싱글의 치안 부재 상황을 미연에 방지하고자 다각도의 노력을 기울였다.

홀로 생활하는 싱글의 증가

다음은 전후戰後의 싱글을 살펴보기로 한다. 메이지부터 전전 시기까지 싱글을 포용해 온 이에 제도는 1947년 시행된 전후의 민법 개정을 통해 역사 속으로 사라졌다. 다시 말하면 대물림(호주 상속) 제도가 사라짐으로써 개정법에 의거하여 상속 유산을 배우자 및 자녀들

---

* 1912년 도쿄제국대학 졸업 후 1920년부터 1945년까지 동 대학의 사회학 연구소에서 교편을 잡았다. 일본 가족 연구에 실증적 방법을 도입하였으며, 일본 가족의 특성 및 내부 구성 실태를 인구 조사 등의 통계를 기반으로 세밀하게 분석함으로써 일본의 가족사회학계에 독특한 연구 방법을 정착시키는 데 기여했다. 주요 저서로 『가족 구성』(『家族構成』, 新泉社, 1937)이 있다.

과 나눌 수 있게 된 것이다. 그러나 이에의 법적 기반이 사라졌다 해서 이에가 실생활 속에서도 바로 사라진 것은 아니었다. 농촌에서는 가족경영 기반의 농업이 여전히 남아 있었고, 도시에도 자영업의 비중이 비교적 높게 남아 있었다. 농촌과 도시를 불문하고 가족 노동력을 기반으로 운영되던 가업이 갑자기 사라진 것은 아니었다. 가업은 점차 쇠락의 길을 걷긴 했지만 한동안 많은 사람들의 생계 기반이 되었음은 물론이다. 장남 부부가 결혼 후 부모와 동거하는 관습 또한 전후 시기에도 변함없이 유지되었다.

법률상 이에 제도는 사라졌지만 3대가 동거하는 직계가족 형태는 여전히 남아 있었는데, 여기에 포섭되는 싱글 비중이 여전히 적지 않았다. 동시에 새로운 형태의 근대 가족 비율도 서서히 증가하기 시작했다. 서구에서처럼 성인이 되면 부모를 떠나 싱글 생활을 시작하는 사례나, 결혼 후 부모와 동거하는 대신 2세대 핵가족을 유지하다가 자녀가 성장해서 독립한 후에는 다시 부부 가족으로 돌아가는 라이프코스를 시도하는 사례도 증가하기 시작했다. 남편은 샐러리맨으로 기업에 근무하고, 아내는 전업주부로 가사와 양육을 전담하는 전형적 가족 형태는 고도성장기와 맞물리면서 기업이 성장하듯 급속히 확산되어 갔다.

근대적 가족 형태하에서는 개인의 라이프코스 중 혼자 사는 싱글 기간이 등장하기 시작한다. 성인기에 진입하면서 부모로부터 독립한 후 결혼하기 이전까지의 청년 세대나, 자녀들이 자립한 후 배우자와 사별한 고령자를 떠올려 보면 이들에게는 동거 가족이 없다. 지금까지는 예외적으로 간주되었던 일시적 싱글 기간이 전후에는 표준 라이프코스에 포함되기 시작한 것이다. 이 사실이야말로 배우자가 없어도 이에 제도 속에 포섭되어 가족과 함께 살았던 전전의 싱글과 전후의 싱글 사이에 나타나는 결정적 차이이다. 동거 가족이 없는 싱글 기간 동안 대부분의 싱글은 누구에 의해 포용되었고, 어떻게 사회 속으로 포섭되었던 것일까?

먼저 젊은 싱글의 상황을 살펴보기로 한다. 전후 일본에서는 산업화의 진전과 더불어 농촌의 젊은이들이 일자리를 찾아 도시로 밀려들어 왔다. 그들 중에는 영화 「올웨이즈 3번가의 석양」*에서 볼 수 있듯이, 친척 집 신세를 지거나 공장주의 집에 하숙하며 공동생활을 하는 경우가 종종 있었다. 하지만 대부분의 남성은 독신자를 위한 기숙사나 아파트에서 독신 생활을 하게 되었다.

필자는 어린 시절 도쿄 변두리 지역에 살았는데, 욕조 시설조차 구비되지 않은 아파트에 젊은 형들이 여럿 살고 있었다. 당시의 풍경으로는 조반옥朝飯屋의 바쁜 하루가 생생하게 기억난다. 낮 동안은 어린아이들을 상대로 여름에는 빙수, 겨울에는 다코야키를 팔았지만, 아침에는 싱글들을 위한 아침식사 가게로 변신하여 밥과 된장

---

* 야마자키 다카시 감독, 2005년 개봉. 쇼와 30년대(1955~1964) 도쿄 변두리를 무대로 따뜻한 삶을 이어가는 사람들의 모습을 그려 인기를 누렸다.

국에 간단한 반찬이 딸린 정식을 제공했다. 한 끼 가격은 50~100엔 정도였던 것으로 기억한다. 1955년 당시의 물가를 고려한다면 다소 비싼 가격이었지만, 그래도 아침이면 손님들이 끊임없이 밀려와 분주한 모습이었다. 그때 어린아이의 눈으로 평소와 다른 풍경을 보고 신기해하던 필자는 '왜 모두들 집에서 아침밥을 먹지 않는 것일까' 고개를 갸우뚱하며 조반옥 앞에 길게 늘어선 행렬을 바라보던 기억이 떠오른다.

1950년대 중반에 이르면 이미 싱글의 생활양식이 비즈니스 대상이 될 정도로 적지 않은 비중을 차지하기 시작한다. 그렇기는 해도 전후~1970년대까지는 개인 차원에서 싱글로 보내는 기간은 그다지 길지 않았다. 평균 초혼 연령이 여성 23세, 남성 27세이고, 평균 교육 정도가 여성은 고졸, 남성은 대졸임을 고려할 때 졸업과 취직을 계기로 일단 부모 집에서 독립했다 하더라도 싱글로 보내는 기간은 대략 5년 정도에 머물렀던 것으로 추측된다. 또한 당시는 미혼 비율이 매우 낮았던 시기로 1970년 기준 30대 전후(1936~1940년생)의 미혼율은 남성이 11.7퍼센트, 여성이 7.2퍼센트에 불과했다. 1940년생의 미혼율은 1990년 시점에서 남성의 5.6퍼센트, 여성의 4.3퍼센트를 기록하고 있다. 고도성장기에 성인기로 접어든 세대의 경우 30대 초반에 이르면 약 90퍼센트가 결혼에 골인했고 평생미혼율은 5퍼센트 정도에 머물렀다. 결국 전후의 싱글은 단기간의 독신 생활을 보낸 후 대부분은 결혼 적령기에 이르러 결혼에 골인함으로써 동거

가족을 얻었다고 할 수 있다. 이들 세대의 경우 비록 짧은 독신 기간이었지만 그 시기 동안 누군가는 젊은 싱글을 돌봐 주었음이 분명하다. 누가 그들을 돌봐 주었던 것일까?

고도성장기의 젊은 싱글 남녀는 대부분이 정규직 종사자로 기업에 근무하고 있었고, 그 당시 대기업은 대체로 독신자를 위한 기숙사 시설을 갖추고 있었다. 덕분에 수입은 적었어도 생활하는 데는 지장이 없었기에 오히려 부모에게 송금을 하는 경우도 적지 않았던 것으로 전해지고 있다. 필자의 대학시절 친구도 회사에 취직해서 독신자 기숙사에 들어갔는데, 그 친구의 속옷에 이름이 새겨져 있는 것을 보고 놀랐던 기억이 있다. 이유가 궁금해서 물어보니 속옷은 기숙사 도우미 아주머니가 세탁해 주기 때문에 다른 사람의 속옷과 구별하기 위해 각자의 이름을 쓰는 규칙이 생겨났노라고 답해 주었다. 독신자 기숙사에서 생활할 경우는 자신의 방을 배정받은 상태에서 공동생활 공간을 공유했기에 싱글이지만 외로움을 모른 채 지냈을 것으로 추측된다. 한편 여성은 남성에 비해 기숙사에서 생활하는 경우가 적었던 대신, 부모와 동거를 계속하는 경우가 대부분이었다.

그러나 전전 시대 상업 및 농업을 가업으로 이어가던 이에 제도하의 싱글은 날이 갈수록 감소하기 시작했다. 아버지는 샐러리맨으로서 출근하고, 어머니는 주부로서 가사와 양육을 전담하는 근대적 가족 안에서 부모와 동거하는 싱글이 증가하기 시작했다.

미혼 남성 노동자 중에는 고용이 불안정한 일용직 종사자가 다수 포함되어 있었다. 불안정하며 가혹한 노동 환경에서 홀로 지낼 수밖에 없었던 젊은 싱글은 수적으로는 소수였지만 심각한 사회 문제로 인식되곤 했다. 그렇다고 젊은 싱글의 존재 자체가 사회 문제시되는 상황은 아니었다. 어차피 고도성장기의 청년 싱글 대부분은 사회의 구성원으로서 조직 안에 포섭되어 생활했기 때문에 문제가 될 만한 사례는 그다지 눈에 띄지 않았다. 뿐만 아니라 고도성장기에는 중년 싱글의 수 자체가 많지 않았다. 앞서 통계 숫자로 제시한 것처럼 중년 싱글은 10명 중 1명도 채 되지 않았다.

당시의 중년 싱글은 주체적으로 싱글을 선택한 경우가 대부분이었을 것이다. 그때만 해도 '결혼한 사람만이 온전한 성인'이라는 인식이 강했기 때문에, 중년 싱글은 특수한(일탈) 사례로 간주되는 사회적 풍조가 있었다. 무엇보다 본인이 다른 사람들 눈에 이상한 사람으로 보인다는 사실을 알고 있었음에도 싱글을 선택했기 때문에, 실제 이상한 사람으로 취급받는다 해도 사회적으로 큰 문제를 야기하지는 않았다.

한편 적당한 상대가 없어 타이밍을 놓친 싱글 여성도 숫자는 적으나 분명 존재했고, 이혼이나 사별 등으로 인해 본인의 의지와 무관하게 비주체적 싱글이 된 중년 싱글도 있었다. 이혼 및 사별로 인한 중년 싱글은 친가로 다시 돌아가는 경우가 많았고, 미망인으로서 보훈제도에 의거하여 국가의 극진한 보호를 받는 사례도 있었다. 비주체적 중년 싱글은 수적으로는 소수였을 테지만, 어쩔 수 없는 상황으로 인해 그리 되었을 것이라는 이해하에 가족과 사회 양쪽에서 모두 자연스럽게 수용될 수 있었다.

당시에는 노동력 부족 현상이 만연되어 있었던 만큼, 중년의 미혼 여성이라도 나름 생계를 유지할 수 있는 방법이 있었다. 일례로 마을 어디서나 볼 수 있었던 '담배 가게'는 중년 싱글 여성이 주인인 경우가 빈번했다. 그때는 담배 판매가 오늘날보다 엄격한 규제 대상이었기에 높은 수입을 기대하긴 어려웠지만, 모자 가족의 생계비를 충당할 정도의 매출 규모는 충분히 확보하고 있었다. 이 이외에 특별한 기술 없이도 민간 기업이나 공공기관에서 정규직 근로자로 근무하던 중년 싱글 여성도 존재했다.

이제 마지막으로 고령 싱글의 상황을 살펴보기로 하자. 제2차 세계대전 이후 고도성장기를 거치면서 일본인의 평균 수명은 단기간에 큰 폭으로 연장되었다. 1950년 기준 남성 58세, 여성 61세였던 평균 수명이 1975년에는 남성 72세, 여성 78세로 대폭 상승하였다. 주목을 요하는 것은 남녀 간 평균 수명의 차이이다. 평균 수명이 늘어나면서 남녀 간의 평균 수명 차이 또한 확대됨에 따라 고도성장기 남녀 간 평균 수명 차이는 5년으로 나타났다. 여기에 부부 사이의 평균 연령 차 3세(남편이 부인보다 세 살 연상이라는 사실)를 추가하게 되면, 남편의 죽음 이후 아내가 홀로 남아 싱글로 지내야 하는 기간은 8년에 이르게 된다.

그동안 고령 싱글을 위해 돌봄 노동을 제공해 온 것은 주로 장남 부부였다. 전후 일본에서는 핵가족화가 진행되는 한편으로 전전 시대의 이에 제도가 잔류하고 있었다. 니시카와 유코西川祐子* 교수가 『근대 국가와 가족 모델』에서 밝힌 것처럼 '직계 가족과 핵가족의 이중 구조'가 존재했던 셈이다. 당시의 형제 수는 평균 4명이었는데 핵가족화로 인해 차남이 집을 떠나 새로운 가족을 형성한 후에도 장남 부부는 본가에 남아 부모와 동거하고 있었음을 알 수 있다.

일본에서는 자녀가 독립해서 새로운 가족을 형성한 후에도 부모를 간호해야 할 상황이 오거나, 배우자와 사별한 후 싱글이 되면 이를 계기로 부모와 다시 동거하는 경우를 빈번하게 볼 수 있다. 일본의 가족은 형식상 근대 가족이라 해도, 실제로는 부모와 다시 동거하는 경우가 흔했다는 점에서 유럽 및 미국의 근대 가족과는 차별화된다고 하겠다. 2세대용 주택(한 주택에 현관 2개가 있는 집 구조—옮긴이)에서 부모와 함께 거주하거나 부모 가까이 사는 자녀가 많다는 사실 또한 일본식 가족의 특징을 대변한다. 부지에 여유가 있는 지방에서는 부모와 자녀가 동일한 부지 내에 함께 집을 짓고 사는 경우도 많고, 거주 공간이 좁은 도시에서는 2세대 주택의 인기가 치솟고 있다. 같은 아파트, 같은 동에 부모와 자녀가 함께 방을 얻

---

* 프랑스 문학 전공자이자 여성학자로, 전 교토분쿄대학 교수. 『근대 국가와 가족 모델』(『近代 国家と家族モデル』, 吉川弘文館, 2000)을 통해 근대 국가는 스스로를 구성하는 기초 단위로서 가족을 선정하고 이를 통해 국민 통합을 달성했다고 본다. 니시카와 교수는 일본과 프랑스 양국의 비교를 기반으로 일상에 숨어 있는 국민국가의 보이지 않는 힘을 탐구함으로써 비교 역사 방법론의 새로운 지평을 개척했다는 평가를 받고 있다.

어 거주하는 사례도 종종 관찰된다. 동일 부지 내에서 따로 사는 경우 통계상으로는 독거 싱글로 간주된다. 그러나 평소 긴밀히 교류하며 어려울 때 서로 도움을 주고받으며 지낸다면, 실질적 동거와 다르지 않다는 점에서 싱글의 고립화를 방지할 수 있을 것으로 판단된다. 이처럼 고도성장기의 고령 싱글은 자녀(주로 장남)와 동거하거나, 형식상 동거하지는 않더라도 실질적으로 자녀의 돌봄을 받는 경우가 일반적이었다. 이러한 경향은 오늘날에도 지속되고 있다.

전후부터 고도성장기까지는 청년, 중년, 고령 연령대별로 각기 다른 유형의 싱글 생활양식을 누리는 가운데 모두가 가족의 일원으로 포섭되는 상황에 놓여 있었다. 싱글을 포용하는 주체가 이에(家) 제도하의 가족으로부터 근대 가족으로 이행했지만, 경제적·심리적 측면에서 가족의 보살핌에 힘입어 빈곤과 고독을 면할 수 있다는 사실에는 변함이 없었다.

두 가지 '상식'의 형성

지금까지 전전의 전통 사회와 전후의 고도성장기 일본을 무대로 싱글의 실태를 살펴보았다. 여기서 중요한 포인트를 다시 확인해 보기로 한다.

전전과 전후 일본에서는 싱글에 관한 두 가지 상식이 형성되었다. 첫째, 싱글은 인생의 시작과 말기에 출현하는 일시적 상태라는 상식이다. 1980년대까지는 대부분이 결혼 적령기 즈음에 결혼하고 그대로 백년해로한 후 고령기를 맞이했다. 이러한 라이프코스에서는 싱글 지위를 갖는 것이 성인기 진입 이후 결혼하기 전까지, 더불어 사별 후 죽음을 맞이하기까지의 짧은 기간에 한정된다. 대부분의 구성원들이 전형적 라이프코스를 따랐기 때문에 단기간 유지되던 싱글 지위는 그다지 중요하지 않은(큰 의미를 부여하지 않아도 되는) 시기라는 인식이 사회적으로 공유되고 있었다. 물론 과거에도 장기간 지속되던 싱글이 존재했다. 다만 장기 싱글로 남는 것은 주체적으로 결혼을 선택하지 않은 경우, 아니면 사별 등의 이유로 불행하게 파트너를 잃은 경우로 대개는 예외적 상황으로 받아들여지곤 했다. 덕분에 싱글은 단기간 지속되는 것이기에 굳이 주목할 필요가 없다는 생각이 기본 상식으로 통용되고 있다.

둘째, 싱글은 가족에 의해 포용되고 있다는 상식이다. 전전과 전후 일본에서는 성인기 진입 이후 결혼하기까지의 싱글 기간은 부모가 자녀를 지원해 왔고, 고령기의 싱글 기간은 자녀가 부모의 돌봄을 지원해 왔다. 이들 전형적 싱글과 구분되는 예외적 싱글이라도 부모 형제 등 가족으로부터 어떠한 형태가 되었든 지원받는 사례가 대부분이었다. 달리 이야기하면 법적으로 싱글이라 해도 부모나 형제자매, 자녀 등 가족과 함께 사는 것이 상식이었던 것이다. 인생에서 싱글로 살아가는 시기는 단기간에 지나지 않고, 싱글이라 해도 가족 안에서 충분히 포섭되었다.

전전과 전후 일본 사회에서는 이상의 두 가지 상식이 사회적으로 공유되면서 싱글에 대한 사회적 이미지를 형성하였다. 그러나 현대 사회로 들어서면서 싱글을 둘러싼 두 가지 상식은 더 이상 통하지 않게 되었다.

3장_ '패러사이트 싱글'의 출현과 변질 과정, 그리고 한계

패러사이트 싱글 선진국, 일본

1990년대 초 일본에서 진행된 사회 구조적 변화에 부응하여 싱글을 둘러싼 양상 또한 그 이전 시대와 비교해 볼 때 획기적으로 변화하기 시작했다. 전쟁을 전후한 시기 일본 사회에서는 '생애주기상 싱글로 머무는 시기는 단기간에 불과할 것이다', '싱글도 (배우자는 없지만 다른) 가족 구성원으로부터 돌봄을 받고 있을 것이다'라는 인식이 상식으로 통용되었다. 그러나 버블 경제의 붕괴와 더불어 세계화 및 신자유주의 물결이 일본에 상륙함에 따라, 경제 구조의 체질 변화가 이루어지고, 거기에 연동하여 '미혼화의 확산'으로 대변되는 가족 구조의 변화가 진행됨으로써 싱글을 둘러싼 상식은 점차 무대 뒤로 사라지게 되었다.

이 시기를 가장 명료하게 특징짓는 상징적 변화는 부모와 동거하는 미혼자, 곧 필자가 '패러사이트 싱글'이라 명명했던 새로운 싱글 범주의 출현과 그들의 변질 과정이다.

패러사이트 싱글 개념은 필자와 방송대학 미야모토 미치코宮本みち子 교수, 세이신여자대학 이와카미 마미岩上真珠 교수 3인으로 구성된 가족사회학자들이 1990년대 초반 20대 미혼 집단을 대상으로 조사한 자료를 기반으로 구성한 개념이다. 패러사이트 싱글 개념이 본래 의도했던 바는 '대학 졸업 후에도 계속 부모와 동거하면서 기본적인 의식주를 부모에게 의존함으로써 풍족한 생활을 누리는 미혼자'를 포착하기 위함이었다. 표면상으로는 마치 부모 집에 기생하고 있는 것처럼 보이기 때문에 기생적 싱글이라 이름을 붙였는데, 꽤 강한 인상을 남겼던 덕분인지 일본을 위시하여 세계 각국에 그 이름이 널리 알려졌다. 이후 패러사이트 싱글이 일반화되면서 '대학 졸업 후에도 부모와 동거하는 미혼자'를 가리키는 용어로 사용되기 시작했다. 이 책에서도 일반적 용례에 따라 후자의 의미로 사용하고자 한다.

실제로 부모와 동거하는 미혼자는 예전부터 특이한 존재는 아니었다. 앞 장에서도 언급했듯이 고도성장기에는 지방에서 도시로 일자리를 찾아 상경한 싱글 비중이 높았고, 미혼 싱글=독신 생활자라는 등식이 설정되어 있었다. 또한 대부분이 이른 나이에 결혼했기 때문에 미혼 상태에서 부모와 동거하는 기간이 짧았던 만큼, 부모와 동거하는 미혼자가 그리 눈에 띄는 존재는 아니었다.

<도표 8> 패러사이트 싱글(친자동거 미혼자) 추이

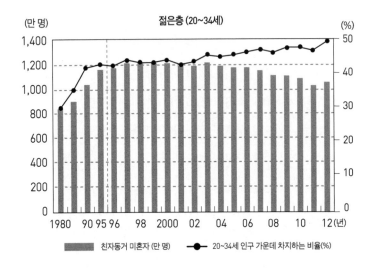

젊은층 (20~34세)

친자동거 미혼자 (만 명) ■■■■ 20~34세 인구 가운데 차지하는 비율(%) ●

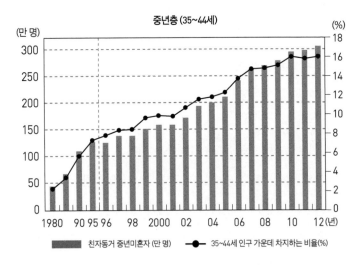

중년층 (35~44세)

친자동거 중년미혼자 (만 명) ■■■■ 35~44세 인구 가운데 차지하는 비율(%) ●

※ 위의 두 도표는 매년 9월(전국) 기준 수치임.
출처: 니시 후미히코 · 스가 마리 「친자동거 중인 젊은 미혼자의 최근 상황」

기존의 싱글 이미지에서 벗어나 부모와 동거하는 싱글이 증가하기 시작한 것은 1980년대 이후부터이다. 만혼 현상으로 인해 미혼 기간이 길어짐에 따라 부모와 동거하는 젊은 싱글의 규모가 확대되었다. 반면, 독신 생활을 하는 미혼 싱글의 비율은 더 이상 증가하지 않음으로써 부모와 동거하는 싱글 비율이 상대적으로 증가하는 결과를 가져왔다. 이로 인해 나타난 현상이 바로 패러사이트 싱글이다. 오늘날 패러사이트 싱글은 중년 세대에서도 증가 추세를 보이고 있다(도표8).

패러사이트 싱글은 일본 사회의 특징이 투영된 지극히 일본적인 현상이다. 이탈리아와 스페인 등 남유럽을 제외한 서유럽 및 북유럽에서는 자녀가 성인이 되면 원칙적으로 부모의 집을 떠나 독립 생활을 시작한다. 따라서 이들 지역에서는 패러사이트 싱글이 예외적 존재로 간주되어 왔다. 한데 최근 들어서는 유럽과 미국에서도 일본의 패러사이트 싱글과 유사한 현상이 발견되고 있다는 소식이 들려오고 있다. 필자는 그동안 일본 주재 외국 기자나 관련 전문가들로부터 종종 친자동거親子同居 미혼자를 주제로 취재에 응하곤 했다. 그러나 요즘에는 거꾸로 미국과 프랑스의 지인들로부터 "미국과 프랑스에서도 25세가 되었건만 여전히 부모와 동거하거나 이혼 후 다시 친자동거를 시작하는 사례가 늘고 있다"는 이야기를 빈번하게 듣고 있다.

미국에서는 부모로부터 일차 독립을 했지만 경제적 이유로 다시 부모와 동거하는 젊은이를 일컬어 '부메랑족'이라 부른다고 한다. 뿐만 아니라 '아코디언 패밀리'*라는 신조어가 등장할 만큼, 자녀의 독립을 존중하는 국가에서도 부모와 동거하는 미혼자가 증가하고 있음을 알 수 있다. 『부메랑족의 전략 : 아코디언 패밀리』의 저자인 캐서린 뉴먼에 따르면 부모와 동거하는 대신 홀로 생활하는 싱글이 다수를 점하는 곳은 젊은 싱글을 위한 사회보장 프로그램이 잘 갖추어진 북유럽 국가에 한정되어 있다고 본다.

일본과 유사한 현상이 동아시아 국가에서도 나타나고 있음은 흥미롭다. 필자의 저서 여러 권이 중국어(대만) 및 한국어로 번역 출간된 바 있는데, 한국과 대만에서도 싱글 기간이 연장됨에 따라 부모와 동거하는 미혼자 수가 증가하고 있다고 한다. 이제 패러사이트 싱글은 일본을 벗어난 해외 여러 국가에서도 쉽게 접할 수 있는 현상이 된 셈이다. 다만 일본은 다른 국가와 비교해 볼 때 한 걸음 앞서서 1980년대부터 부모와 동거하는 미혼자 숫자가 증가하였음이 특기할 만하다. 그렇다면 패러사이트 싱글은 어떤 연유로 나타나게 된

---

* 『부메랑족의 전략 : 아코디언 패밀리』(キャサリン·S. ニューマン, 『親元暮らしという戦略 : ア コーディオン·ファミリーの時代』, 岩波書店, 2013)는 일본, 미국, 남유럽, 북유럽 등지에서 300명을 대상으로 한 인터뷰 자료에 기반하여 글로벌 시대 가족의 생존 전략을 고찰한 책이다. 최근 선진국을 중심으로 성인기에 접어든 자녀가 고용 상태의 불안정성으로 인해 독립하지 못한 채 부모 슬하에서 생활하는 현상이 확산되고 있음에 주목하여 붙여진 제목이다. 마치 아코디언의 주름상자가 옆으로 펴지듯 가족은 다시 돌아오는 자녀들을 받아들이고, 그들이 집을 떠나게 되면 아코디언의 주름상자가 줄어들 듯 가족 또한 축소됨을 상징한다.

것일까? 먼저 1980~90년대 초반의 일본 상황을 살펴보기로 한다.

일본의 만혼화 및 미혼화 현상은 1975년부터 감지되기 시작했다. 이를 계기로 패러사이트 싱글 또한 증가하기 시작했는데, 이러한 트렌드의 확산을 가속화시킨 것은 버블경제였다. 버블경제 시기에는 정규직 취업이 용이했기에 젊은 층도 비교적 풍요로운 생활을 즐길 수 있었다. 그러나 남편은 정규직에 종사하고 아내는 전업주부로 남는 전통적 성역할에 기반한 가족 모델하에서는, 결혼하자마자 즉시 가장의 어깨 위에 아내 부양의 의무가 부과되어 자신의 월급을 마음껏 사용하지 못하는 상황에 놓이게 되었다. 부모와 함께 거주하며 직장 생활을 해온 여성의 경우도 결혼 전에는 자신의 수입을 자유롭게 사용할 수 있었지만, 결혼과 동시에 일을 그만두고 전업주부가 되면서 자유롭게 사용할 수 있는 돈의 액수가 눈에 띄게 감소하는 현실과 마주치게 되었다.

버블경제 시기에는 부모와 동거하는 싱글의 생활수준이 여유로웠던 만큼, 남녀 모두 결혼함으로써 생활수준의 상대적 하락이라는 위험을 감수하기보다는 조금 더 오랜 기간 싱글 생활을 즐기고자 하는 미혼자 비율이 급증하기 시작했다. 물론 결혼보다 싱글 라이프를 즐기겠다는 의사가 강한 경우에는 보다 적극적으로 독신 생활을 선택했을 것이다. 필자가 조사한 바에 따르면 1970년대까지는 부모와 동거하는 싱글의 다수가 자신의 월급 상당 부분을 부모에게 드리거나, 월급을 모두 부모에게 맡긴 채 용돈을 받아 쓰는 경우가 일반적이었다. 따라서 자녀 입장에서 보면 부모와 동거하는 상황의 경제적 이점이 그다지 크지 않았을 것으로 판단된다. 뿐만 아니라 당시의 부모 세대는 부유한 편도 아니었다. 이러한 점을 두루 고려할 때 독신 생활이 유력한 대안 중 하나였으리라 추측된다. 그러나 부모 세대가 경제적으로 풍요로워짐에 따라 자녀의 월급에 더 이상 의존하지 않아도 되는 상황이 도래했고, 부모 입장에서도 자녀가 결혼 대신 여유로운 생활을 즐기는 것을 긍정적으로 바라볼 수 있을 만큼 인식의 전환이 이루어졌다. 그 결과 나홀로 싱글 양식을 고집하기보다는 미혼 상태에서 부모와 동거를 선택하는 패러사이트 싱글이 증가했던 것이다.

1980년대~90년대 초반의 패러사이트 싱글은 부모와 동거하는 것을 주체적으로 선택한 경우에 해당한다. 이들은 싱글 생활양식을 유지하거나 결혼 후 독립 가구를 구성하는 것보다는, 부모와 계속 함께 지내게 될 경우 단점보다는 장점이 많다고 생각한 부류들이다. 부모와 동거하게 되면 자신의 월급을 용돈으로 마음껏 사용할 수 있고, 아직 건강한 어머니에게 귀찮은 집안일을 떠넘길 수 있다고 생각했던 것이다. 결국 풍요롭고 자유로운 삶을 즐기기 위해 자신의 적극적 의지에 따라 부모와 동거하는 패러사이트 싱글을 선택했다고 할 수 있다. 실제로도 패러사이트 싱글 중 다수는 스스로가 기대하고 예상했던 대로 만족스런 싱글 생활을 보냈던 것으로 알려지고 있다.

1990년을 전후한 시기야말로 패러사이트 싱글의 황금시대라 해도 과언이 아니라고 생각한다. 이 시기에 주목한 필자는 미야모토 미치코 교수 등과 함께 부모와 동거하는 미혼자를 대상으로 부모자녀 관계에 대한 조사를 실시했다(미야모토 미치코·이와카미 마미·야마다 마사히로, 『미혼화 사회의 친자 관계』).*

　　일반적으로 패러사이트 싱글은 부모와 동거를 선택하는 대신 결혼에 대한 욕구 자체는 높지 않을 것으로 전제되고 있었지만, 조사 결과 '결코 그렇지 않다'는 사실이 밝혀졌다. 실상 조사 대상자들 가운데는 주체적으로 싱글을 선택한 경우라도 '언젠가는 결혼하고 싶다'는 의지를 보인 비율이 높게 나타났다. 그들의 속내는 결혼을 거부하고자 한 것이 아니라 결혼 시기를 연기하고자 함이었던 것이다. 참고로 1990년 당시 20대 후반의 미혼율을 보면 남성 65.1퍼센트, 여성 40.4퍼센트로 이전 시기와 비교해 볼 때 큰 폭으로 상승했다. 반면 30대 초반의 미혼율은 남성 32.8퍼센트, 여성 13.9퍼센트로 여전히 낮은 수준에 머물러 있었다. 통계로부터 유추해 볼 수 있듯이 당시는 패러사이트 싱글 자신들도 '30대가 되면 결혼에 골인해서 남성은 생계 부양자, 여성은 전업주부로 평범한 가정을 이루게 될

---

* 『미혼화 사회의 친자 관계』(『未婚化社会の親子関係』, 有斐閣, 1997)는 풍족하면서도 자유로운 독신 생활을 원하는 젊은이, 독신을 원하는 자녀의 선택을 기꺼이 허용하는 부모들, 저출산 및 경제적 풍요로부터 파생된 부모 자녀 간 친밀한 관계 등의 현상이 저성장 경제와 초고령화 사회에서 계속 지속될 수 있을 것인지에 답하는 내용을 담고 있다.

것'이라 예상하고 있었던 것 같다. 다만 '모라토리엄'(젊은이들이 성인으로서 온전히 사회적 역할을 맡을 때까지 일정 기간 책임을 유예한다는 뜻)으로서 일시적으로나마 싱글 생활을 즐기겠다는 의미를 담고 있었던 것으로 보인다.

하지만 이들의 의도와 무관하게 사회 전반적으로 만혼화·미혼화가 진행되기 시작하면서 과거 인생의 시작 단계에 단기간 존재했던 싱글 지위도 덩달아 장기화되기 시작했다. 이 시점에서부터 '젊은 시절의 싱글은 생애주기상 단기간 지속된다'고 여겼던 종전의 상식이 뿌리째 흔들리기 시작했다.

패러사이트 싱글의 변질

1990년대 후반 이후 일본 사회는 급격한 구조적 변화를 경험하였다. 특별히 1992년 버블경제가 붕괴됨에 따라 글로벌 시장 경제하에서 일본 기업의 경쟁력은 눈에 띄게 저하되어 갔다. 엔화 강세의 여파로 공장 해외 이전이 가속화되기 시작했고, 그 결과로 정규직 고용률이 급감함에 따라 젊은 싱글은 심각한 고용난에 노출되었으며, 비정규직 비중이 증가하기 시작했다.

고용 상황의 불안정성 증가는 가족의 형성 과정에도 심대한 영향을 미쳤음은 물론이다. 구체적 예를 들어 보자면 과거에는 패러사이트 싱글이라는 삶의 방식을 주체적으로 선택했던 반면, 이제는 마지못해 선택할 수밖에 없는 것으로 변화되었음을 들 수 있다. 부유한 중상류층 부모와 동거하면서 풍족한 생활을 즐긴다는 의미의 기존 패러사이트 싱글은 절대적 숫자가 감소하긴 했지만 완전히 사라진 것은 아니다.

그러나 1990년대 후반 이후 증가한 패러사이트 싱글은 자립을 절실히 원함에도 불구하고 일자리가 불안정하기 때문에 자립을 포기한 채 부모와 동거할 수밖에 없던 싱글 유형이었음에 주목할 필요가 있다. 이제 패러사이트 싱글 내부에 격차가 생긴 것이다. 예전에도 저소득층 남성은 결혼시장에서 불리한 위치에 있었다. 남성이 생계부양자로서 아내와 가족을 책임지는 관습이 강하게 남아 있는 사회일수록 여성 입장에서는 소득 수준이 낮은 남성을 선택하려 하지 않는다. 2010년 메이지야스다 생활복지연구소 조사에 따르면 20~39세 미혼 남성의 3분의 1은 연 수입 200만 엔 미만 수준에 머물러 있고, 미혼자의 약 40퍼센트는 비정규직 종사자 아니면 실업자로 밝혀졌다(국립사회보장·인구문제연구소, 「제14회 출생 동향 기본 조사」). 다른 제반 조건이 충족된다 하더라도 저소득층 남성은 결혼하기 어려운 상황에 놓여 있는데, 연 수입마저 200만 엔 이하라 함은 독신 생활조차 지속하기 어려운 수준의 소득이다. 평균적으로 남성보다 소득이 낮은 여성의 고용 상황을 고려할 때 여성의 자립은 더욱 어려울 것이 분명하다. 고용 불안정이 심화될수록 비주체적 패러사이트 싱글이 증가한다는 사실의 의미는 자명하다.

비주체적 패러사이트 싱글이 증가하는 것은 도시에 거주하는 정규직 종사자 가족에게만 해당되는 것은 아니다. 부모가 농민이거나 자영업자인 경우, 자녀가 가업을 잇기 위해 부모와 동거하는 사례는 오래 전부터 일반화되어 있었다. 그러나 경기 침체가 장기화되면서 영세 자영업자의 장래가 불투명해짐에 따라 가업을 이어받는 남자의 아내 자리는 더 이상 매력적인 선택지로 다가오지 않게 되었다. 며느리를 얻지 못하게 되면 결국 자영업자의 후계자 아들은 패러사이트 싱글로 남게 된다.

한편 주체적 패러사이트 싱글의 경우도 고용 환경의 악화로 인해 비주체적 패러사이트 싱글로 전환되어 갔다. 이들 대부분은 30대가 되면 자신도 결혼을 하리라 인생 계획을 세웠을 테지만, 그들이 예상했던 인생 계획은 어긋난 채 실현되지 못했다. 1990년 당시 20세였던 패러사이트 싱글은 20년이 지난 오늘날 40대 초반에 도달했다. 2014년 데이터를 보면 부모와 동거하는 35세~44세 미혼자가 308만 명에 이른다. 이 숫자는 동년배 집단의 16.1퍼센트에 이르는 비율이다. 결혼을 잠시 미룬다는 생각으로 부모와 동거하고 있었는데, 고용 환경의 악화로 인해 결혼도 못하고 자립도 못한 채 중년기에 접어든 숫자가 무시할 수 없을 정도로 증가한 것이다.

중년 패러사이트 싱글 숫자에는 (이혼 후) 이별 싱글이 포함되어 있음을 간과해선 안 될 것이다. 일본의 젊은 층 중에는 이혼 후 부모에게 돌아가는 경우를 종종 볼 수 있다. 총무성의 전국소비실태조사 데이터를 분석한 결과, 2004년 시점에서 미취학 아동을 둔 모자

가족의 3분의 1이 부모와 동거하는 것으로 나타났다(야마다 마사히로, 긴바라 아카네, 「미취학 아동 가구의 가계 상황에 대해」, 총무성통계연수소 연구논문). 이들 대부분은 이혼 후 자녀를 돌보며 생계를 유지하는 것이 곤란해졌기 때문에 친정부모에게 다시 돌아가 경제적 도움을 받거나, 직장이 있는 경우는 출근 후 부모로부터 가사와 육아의 도움을 받고 있는 것으로 밝혀졌다. 이혼 후 독립해서 홀로 자녀를 키우는 모자 가족과 비교해 볼 때, 이혼 후 부모와 동거하는 '패러사이트 디보스드'parasite divorced(이혼 후 생계를 부모에게 의존하고 있는 상황을 지칭함)의 연봉 수준은 상대적으로 매우 낮다. 현재도 계속 증가 추세를 보이고 있는 일본의 이혼율을 고려할 때, 이혼 후 부모와 다시 동거하면서 경제적으로 의존하는 '패러사이트 디보스드' 또한 향후 증가할 것으로 예상된다.

패러사이트 싱글 현상의 공과功過

1990년대 후반에 들어서면서 일본에서는 자립하기를 갈망하지만 할 수 없는 사람들이 점점 눈에 띄기 시작했다. 자립을 원하는 사람들이 자립할 수 없는 상황은 심각한 사회 문제로 인식되어야 마땅할 것이다. 그러나 실제로는 이 문제에 대해 어떠한 대책도 마련되지 않았다.

자립을 절실히 원함에도 불구하고 자립이 불가능한 사람들이 급증하고 있는 현실이 왜 사회 문제로 이슈화되지 않았을까? 그 이유는 싱글 생활양식이 야기하는 여러 차원의 문제가 패러사이트 싱글 현상 속에 숨겨진 채 표면화되지 않았기 때문이다. 이는 싱글로 인해 야기되는 사회 문제의 진행을 완화시켰다는 점에서 공功이라 볼 수도 있고, 문제 해결을 위한 노력 자체를 지연시켰다는 점에서 과過라고 할 수도 있을 것이다.

이들 젊은 싱글이 야기하는 사회 문제는 다음의 네 가지 차원에서 생각해 볼 수 있는 바, 하나씩 구체적으로 살펴보기로 하자. 첫째는 저소득으로 인해 자립이 불가능한 젊은 싱글의 문제가 있다. 오늘날 유럽과 미국에서는 청년층의 빈곤이 심각한 사회 문제가 되고 있다. 일례로 2013년 1~3분기 스페인의 실업률은 27.2퍼센트로 이전과 비교했을 때 최악의 실업률을 기록했다. 와중에 16~24세의 실업률은 무려 57.2퍼센트에 이르기도 했다.

미국에서도 대졸 미취업자들이 '월가 시위'Occupy Wall Street를 주도함에 따라 그들의 외침이 전 세계로 퍼져 나갔다. 정도의 차이는 있지만 미국과 유럽의 젊은이들 또한 직업을 가질 수 없는 상황에 놓여 있으며 빈곤에 시달리고 있다. 빈곤은 범죄의 온상이 되며 치안 악화에도 영향을 미친다. 따라서 젊은 싱글의 빈곤은 결코 무시되어서는 안 될 사회 문제임이 분명하다 하겠다.

한편, 일본에서도 젊은 층의 빈곤은 심각하다. 청년층 실업률은 상대적으로 낮지만 비정규직 비율이 높기 때문에 이들은 저임금에 더하여 불안정한 고용 상태에 노출되어 있다. 실제로 젊은 싱글의 약 40퍼센트가 연 수입 200만 엔 미만을 기록하고 있음은 이를 방증한다. 그러나 일본에서는 미국에서 발생했던 것과 유사한 시위나 폭동은 일어나지 않았다. 10년 전 필자는 프랑스 경제 방문단과 인터뷰할 기회가 있었다. 당시 프랑스 방문단은 일본 젊은이들을 도무지 이해할 수 없다며, "왜 일본에서는 저소득층에 속하는 젊은 층 비중이 높음에도 불구하고 서구에서처럼 시위를 하지 않는가?"하고 의문을 표시했던 기억이 있다.

왜 일본의 젊은이들은 서구의 젊은이들처럼 시위에 참여하거나 폭동을 일으키지 않는 것일까? 이유는 일본 젊은 싱글 대부분이 부모와 동거하면서 경제적·심리적 지원을 받고 있기 때문이라 생각한다. 부모가 국가를 대신해서 사회보장 기능을 수행함에 따라 자녀가 받아야 할 경제적 빈곤과 정신적 고립의 고통을 미연에 방지하고 있다고 볼 수 있다. 곧 패러사이트 싱글 현상이 젊은 싱글의 빈곤 문제를 사회적 이슈로 공론화하는 것을 막아 온 셈이다.

둘째는 부모와 동거하는 중년 저소득층 싱글의 문제가 있다. 중년 패러사이트 싱글의 경제 상황 또한 젊은 층 못지않게 열악하다. 총무성통계연구소 연구원 니시 후미히코西文彦의 연구에 따르면, 2010년 부모와 동거하는 중년 패러사이트 싱글의 실업률은 11.5퍼센트로 또래집단의 약 3배에 이른다. 취업한 경우에도 정규직 비율은 낮고 비정규직 비율이 높다. 필자가 분석한 전국소비실태조사 자료에서도 부모와 동거하는 30대 미혼 남성의 경우, 독립한 미혼 남성이나 기혼 남성에 비해 비정규직 비율이 눈에 띄게 높은 것으로 나타났다. 이러한 상황은 여성도 유사하여 부모와 동거하는 미혼 여성은 혼자 사는 여성에 비해 비정규직 비율이 압도적으로 높다. 비정규직 비율이 높아지면 수입은 자연히 낮아지기에 최악의 경우 빈곤과 연계되기도 한다. 원래는 중년 싱글의 빈곤도 주목 받아 마땅할 테지만, 젊은 싱글과 마찬가지로 중년 저소득층 싱글도 부모와 동거하는 사례가 많아 경제적으로 부모에게 포섭되어 있기 때문에 사회 문제로 비화하지는 않았다 할 것이다.

셋째는 고립된 고령 싱글의 문제가 있다. 자신이나 파트너 중 한 사람이라도 대기업 정규직 출신인 고령 싱글의 경우는 퇴직금 등을 기반으로 노후자금을 준비해 왔다. 흔치는 않지만 일상생활에 불편함이 없을 만큼 충분한 연금을 받는 경우도 있다. 그러나 이처럼 특별한 경우를 제외하고 다수의 고령 싱글이 직면하게 되는 노후는 안정성을 보장받지 못하고 있는 현실이다.

지금까지 불안정한 노후에 직면하게 된 고령 싱글의 대부분은 결혼한 자녀의 도움을 받아 왔다. 그러나 중류층이나 중상류층을 제외하고 중하류층이나 빈곤층에 속하는 부모의 돌봄은 자녀들마저도 회피하는 경향이 있다. 왜냐하면 부모의 경제적 지위가 낮은 경우는 자녀 가족의 경제적 수준도 여유가 없기에 부모를 부양하고 싶어도 불가능한 경우가 다반사이기 때문이다. 이에 따라 가족 파산(부모와 자녀 가족이 동시에 파산한다는 의미)을 피하기 위한 전략의 일환으로 부모 부양을 회피하게 된다는 것이다.

고령 노인이 고립되기 쉬운 상황에서 부모의 돌봄을 주로 담당하는 주체는 바로 부모와 동거하는 중년 싱글이다. 2010년 인구 조사에 따르면 가구주﹡ 연령이 75~79세인 가구 가운데 모자﹡﹡ 가구 비율이 10.1퍼센트로 나타났다(반면 부자﹡﹡ 가구 비율은 2.7퍼센트에 머물렀다).

중년 싱글은 부모의 연금 수입에 의존하면서 부모와 동거 생활에 들어간다. 물론 이러한 공존 양식은 부모의 관점에서 볼 때 전적으로 부정적인 것만은 아니다. 연금 소득이 적은 부모 입장에서 중년 싱글 자녀가 벌어 오는 수입은 일정 정도 도움이 된다. 부모 자녀 각각의 수입이 적더라도 수입을 하나로 모으면 비교적 쉽게 안정적 생활을 누릴 수 있기 때문이다. 또한 자녀와 동거하게 되면 자녀로부터 돌봄의 혜택을 받을 수 있을 뿐 아니라, 질병이나 부상 등 만일의 사태 시 간호를 받을 수도 있다. 싱글 아들과 싱글 부모의 동거는 서로에게 이익이 됨은 물론, 고령자의 고립화를 완화하는 데에도 기여하는 측면이 있다. 물론 이 경우에도 장점만 있는 것은 아니고 단점 또한 존재한다. 구체적으로 어떤 단점이 있는지는 다음 장에서 설명하기로 한다.

넷째는 모자 가족의 빈곤 문제를 생각해 볼 수 있다. 2004년 전국소비실태조사 자료 분석 결과, 미취학 아동을 둔 모자 가족 중 부모와 동거 중인 워킹맘의 연 수입은 106만 엔, 모자 세대의 연 수입은 286만 엔으로 밝혀졌다. 이혼 후 부모와 재동거를 선택한 중년 싱글의 평균 소득은 부모로부터 독립한 모자 세대의 평균 소득과 비교해 볼 때 절반에도 못 미칠 만큼 낮은 수준임을 알 수 있다.(야마다 마사히로·긴바라 아카네, 「미취학 아동 가구의 가계 상황에 대해」, 총무성 통계연구소 연구논문). 저소득 모자 가족의 경우 워킹맘의 수입만으로는 안정적 생계 유지가 어렵지만, 부모와 동거하면서 부모의 연금 소득과 자신의 소득을 합산하게 되면 빈곤가구로 전락하는 것을 방지할 수 있다. 즉 '패러사이트 디보스드'가 모자 가족의 빈곤 문제를 완화하는 데 기여하고 있다 하겠다. 그러나 또 한편으로는 부모와 동거조차 불가능한 모자 가족 중 일부는 극히 빈곤한 상황에 놓여 있으며, 실제로 빈곤의 악순환에 빠진 모자 가족이 증가하고 있다.

경제적 어려움을 겪고 있는 모자 가족의 경우 이혼한 전남편으로부터 양육비 지원을 받아 경제적 빈곤 문제를 해결해야 한다는 의견도 있다. 그러나 남편의 실직이나 고용 불안정이 이혼의 동기로 작용할 때가 많음을 고려할 때 전남편으로부터 양육비 지원을 기대한다는 것은 현실적 방안이라 보기 어렵다. 물론 자녀의 양육비를 정기적으로 지원받아 마땅하겠지만, 지금의 경제 상황에서는 그것을 기대할 수 없음을 잘 알기에 아쉬운 대로 부모에게 의지하게 되는 것이다. 만일 부모에게 의존하는 것도 여의치 않을 경우는 꼼짝없이 빈곤 상황에 빠지게 된다.

부모와 모자 가족 간 동거 실태는 2011년 3월 11일 발생한 동일본대지진으로 인해 그 실체가 드러났다. 일본의 도후쿠 지역은 상대적으로 높은 이혼율을 기록하고 있는 곳으로, 조부모-(부)모-자녀로 구성된 3세대 가구 비율이 적지 않다. 한데 당시 이재민을 수용하기 위한 주택 대부분은 1세대 부부가족이나 2세대 핵가족을 수용하기에 편리한 양식으로 구성되어 있어, 3세대 가구는 부득이하게 다른 지역의 이재민 주택으로 수용될 수밖에 없는 번거로운 문제가 발생했다. 실제로 동일본대지진 당시 피해 가족 중에는 5명으로 구성된 3세대 가족이 포함되어 있었다고 한다. 하지만 도후쿠 지역의 이재민 주택은 핵가족이 거주하기 편리하도록 설계되어 있어, 5명으로 구성된 3세대 가족이 함께 거주하기에는 매우 비좁은 상태였다. 대안으로 붙어 있는 두 집에 나누어 사는 방안도 검토되긴 했지만 그 방법은 채택되지 않았다. 대신 별도의 구역으로 이동해 따로 살거나, 좁은 집에서 5명이 함께 사는 것 중 하나를 고르도록 요구했다고 한다. 정말 불합리한 처사가 아닐 수 없다.

　1995년 한신·아와지 대지진 당시에는 이런 유형의 문제가 표면화되지 않았다. 한신 지역은 핵가족화가 진행되어 3세대 이상인 확대가족의 숫자가 적었기 때문이다. 그러나 20여 년의 세월이 흐르는 동안 '패러사이트 디보스드'가 증가하면서 부모가 이별 싱글을 포용해 동거하는 사례가 일반화되기 시작했음을 추론해 볼 수 있다.

한계에 직면한 패러사이트 싱글

싱글이 야기하는 다양한 문제는 1990년대 이후의 패러사이트 싱글 현상에 의해 충분한 논의를 거치지 못했다. 하지만 이제는 그것도 한계에 도달했다. 고령의 부모가 한 지붕 아래 생활하고 있는 중년의 싱글 자녀를 계속해서 포용하고 지원하는 것이 불가능해짐에 따라 사회적으로 고립화되는 싱글이 등장했기 때문이다. 그 결과 지금까지 중류 및 중상류층 중심의 패러사이트 싱글 현상으로 인해 가려져 있던 싱글 문제들이 표면 위로 부상하기 시작했다. 이제 싱글이 안고 있는 문제를 구체적으로 살펴보기로 한다.

우선적으로 주목하고 싶은 대상은 저소득층 젊은 싱글이다. 예전에는 취업을 위해 구직활동 중이거나 비정규직 종사자인 싱글들은 대개의 경우 부모로부터 최소한의 의식주를 제공받을 수 있었다. 그러나 오늘날은 부모 세대의 생활이 불안정해짐에 따라 자녀를 돌보고 싶어도 돌보지 못하는 상황이 확산되고 있다. 부모의 지원을 받을 수 없게 된 저소득층 젊은 싱글은 최하층 계급underclass으로 전락하기 시작했다. 2000년대 중반 사회 이슈가 되었던 '넷카페(PC방) 난민'*도 젊은 싱글의 최하층 계급화 과정에서 나타난 전형적 현상 중 하나이다. 구조조정 및 해고 등으로 직장을 잃거나 파견직 등 비

---

* 여러 사정으로 인해 지금까지 살던 주거시설에서 퇴거당한 후 24시간 PC방이나 만화방 등지에서 밤을 지새우며, 주로 일용직이나 파견근로직 같은 고용 형태에 의거해서 생계를 유지하는 사람을 지칭한다.

정규직 종사자로서 저임금에 노출된 젊은 싱글은 전세든 월세든 방을 임대할 능력이 없다. 그로 인해 1천~2천 엔 정도로 하룻밤을 보낼 수 있는 PC방에서 숙식을 해결하는 젊은 싱글이 출현함에 따라 사회적 이목을 끌기 시작했다.

젊은 여성 싱글 또한 최하층 계급화되고 있다. 찬반 논란은 별도로 하더라도, 한때는 유흥업소와 같은 곳이 젊은 싱글 여성을 빈곤으로부터 보호하는 안전망 역할을 하기도 했다. 그러나 이들 업계에도 경기 불황의 물결이 밀려와 저임금 직종으로 전환됨으로써 안전망의 기능을 잃어버리게 되었다. 결국 남녀를 불문하고 직장에서도 쫓겨나 부모에게 의지할 여건조차 안 되는 상황에서 생활이 극도로 곤궁해진 젊은 싱글층이 증가하고 있는 것이다.

그렇다면 빈곤층으로 전락하게 된 자녀를 돌보지 못하는 부모(대부분 50~60대) 세대가 증가한 이유는 무엇일까. 부모가 자녀를 포용하고 지원하지 못하는 상황은 대체로 다음 네 가지로 요약할 수 있다.

첫째는 '부모가 비정규직 저소득층'인 경우이다. 부모 자신의 고용 상황이 불안정한 상태에서 성인 자녀까지 돌봐줄 여력은 없기 때문이다. 젊은 층 가운데 비정규직 종사자 비율이 증가하기 시작한 것은 1990년대부터이다. 더불어 임신선행姙娠先行형 결혼(소위 속도위반 결혼)이 증가하기 시작한 것도 이 무렵부터이다. 남성의 취업 상태가 불안정한 상황에서 속도위반을 이유로 결혼에 이른 경우, 주택 소유 및 자산 형성 기반을 다지지 못한 채 양육을 시작함으로써, 자녀가 학교를 졸업할 때까지 안정적인 경제 기반을 갖추지 못하는 부모가 등장하기 시작했다. 부모의 불안정한 취업 지위로 인해 자녀까지 불안정한 경제 상황이 대물림되는 사례가 증가하고 있는 바, 이는 가까운 미래에도 지속될 것으로 전망된다.

둘째는 '부모가 구조조정 대상자'인 경우이다. 안정적 수입 기반을 갖추고 있던 아버지가 구조조정으로 인해 갑자기 경제적 상황이 어려워지면 자녀들을 돌보는 것이 불가능해져, 자녀들 또한 집을 떠날 수밖에 없는 상황이 도래한다. 부모의 구조조정은 1997년 아시아 금융 위기 이후 급증했다. 당시 일본 기업은 정규직 종사자 가운데 특별히 가장인 중년 남성을 보호하는 데 주력했지만, 기업 자체의 도산 및 경영 악화로 인해 구조조정을 감행하는 경우가 빈번하게 발생했다. 1990년대만 하더라도 남성은 실직 대상자가 되더라도 정규직 재취업이 상대적으로 용이했으나, 현재의 경제 상황에서는 기대하기 어려운 것이 사실이다.

셋째는 '부모가 이혼'하는 경우이다. 경제적으로 유복한 가정에서 성장했지만 부모의 이혼으로 인해 모자 가족으로 살아가게 되면서 부모의 지원이 불가능해지는 상황이다. 일본의 이혼율이 1990년대부터 증가하기 시작했음은 주목할 만한데, 당시 정황을 고려할 때 아버지의 경제적 추락으로 인해 불가피하게 이혼할 수밖에 없었던 사례가 증가하였음을 알 수 있다.

넷째는 '가업家業이 폐업 상태'에 이른 경우이다. 부모가 자영업자인 경우 자녀들은 가족 종사자로 고용될 수 있기 때문에 부모가 직장에 다니는 경우와 비교해 볼 때 자녀를 포용하고 지원하기 쉬운 면이 있다. 한데 경제 불황으로 인해 가업을 폐업하는 사례가 증가함에 따라 자영업자 가족의 미래가 더욱 불투명해지고 있다.

필자는 시내 중심가에서 조금 떨어진 지역에 50년 이상 살고 있는데, 인근 상가 거리에는 단골로 다니는 개인 상점들이 많다. 그 중에는 대대로 가업을 이어가는 상점이 있는가 하면 폐업의 길을 선택한 상점도 적지 않다. 가업을 접는 경우는 부모도 실직 상태에 이르기 때문에 도저히 자녀를 돌볼 수 없게 된다. 국민연금 금액도 소액이다. 부모 소유의 일터에서 함께 일하던 자녀는 후계자 입지를 포기하고 새로운 일자리를 찾아야만 한다. 일본 전역에는 셔터거리화(셔터를 내리고 영업 중지 안내를 내건 상점이나 사무소가 즐비해지면서 활기를 잃어버린 상점가나 거리를 상징적으로 표현한 용어— 옮긴이)되고 있는 상가 밀집지역이 다수 발생하고 있다. 가족 단위의 영세 자영업자가 사라지기 시작하면서 젊은 싱글의 돌봄 문제가 부각되고 있는 것이다.

필자가 근무하고 있는 대학에서도 이상의 네 가지 이유로 인해 경제적 궁핍을 경험하게 된 학생들이 하나둘씩 늘어나고 있다. 실제로 "아버지가 구조조정 대상자가 되었기 때문에 등록금 지원이 불가능해졌다"는 고민을 털어놓거나, "부모가 이혼했기 때문에 아르바이트를 해서 돈을 벌어야 해 수업을 빠지게 되어 죄송하다"고 사과하는 학생도 있다. 그런가 하면 모자 가족의 자녀였던 학생이 어머니의 재혼 이후 새아버지와 함께 살 수 없어 가출할 수밖에 없었다는 사연도 있었다. 그 학생은 정규직 취업 후 독립해서 독신 생활을 시작했다. 만약 정사원이 되지 못했더라면 그 학생은 어떤 선택을 했을까 의구심이 떠나지 않는다. 지금까지 "체육대회를 앞두고 연습하느라 바쁘다"거나, "구직 활동으로 인해 수업 받을 여유가 없다"는 내용의 상담을 받은 적이 있긴 하지만, 요즘 학생들의 고민은 예전에 비해 훨씬 절실하다. 향후에도 이처럼 절절한 고민을 토로하는 상담이 틀림없이 늘어날 것 같다.

부모의 연금을 착취하는 중년 싱글

부모의 지원을 받을 수 없게 된 것은 중년 싱글도 젊은 싱글과 마찬가지이다. 중년 싱글의 부모 대부분은 이미 현역에서 은퇴한 후 연금 생활자로 진입했다. 연금 생활은 고용 환경 악화로 인한 영향을 직접 받는 것은 아니기에 부모의 생활이 불안정한 수준으로 하강하는 경우는 드물 것이다.

중년 싱글의 삶에서 현재 진행되고 있는 최대 이슈는 부모의 죽음이다. 동거 중이던 부모님이 모두 돌아가시면 자녀 입장에서 삶의 버팀목 구실을 해주던 연금은 더 이상 지급되지 않는다. 비록 부동산 자산이나 현금 유산이 있다 하더라도 유동적 소득이 사라지고 나면 예전과 동일한 생활수준을 누릴 수 없게 된다. 그 결과 중년 싱글도 최하층 계급으로 전락할 위험에 빠지게 된다.

최근 부모의 사망 사실을 숨긴 채 자녀가 계속해서 연금을 수령하는 사건이 언론에 자주 보도되고 있다. 2000년 이후 신문 기사에 간헐적으로 등장했던 연금 사기 사건 중에는 2013년 10월 어머니의 시신을 콘크리트로 포장해서 숨긴 다음 연금을 가로챈 53세 아들이 징역 2년의 실형 판결을 받았던 사례가 있다.

부모의 죽음만 연금 사기 사건의 대상이 되는 것은 아니다. 2013년 9월에는 동거하던 삼촌의 사망을 숨기고 2009년 4월부터 2013년 4월까지 25회에 걸쳐 삼촌의 퇴직공제연금 약 380만 엔을 자신의 계좌로 수령했던 41세 여성이 징역 2년 4개월의 실형을 선고받기도 했다. 이러한 유형의 연금 사기 사건이 발생하는 이유는 물론 연금 대상자였던 부모 사망 후에 예전의 생활 수준을 유지하는 것이 불가능해지는 중년 싱글이 증가하고 있기 때문이다. 앞서도 언급했듯이 오늘날은 예전과 비교해 볼 때 경제적 불안정으로 인해 부모와 동거할 수밖에 없는 중년 싱글이 증가하고 있는 것이다.

연금 수령을 유지하고자 부모 시신을 유기하게 되면 앞서 소개한 사례처럼 사기죄가 성립된다. 사기죄에 해당되지 않는다 해도, 동거 친족에게는 매장 의무가 있기 때문에 시신을 방치한 것만으로도 형사 처벌(사체 유기죄) 대상이 될 수 있다. 연금 사기죄로 체포된 당사자들은 자신들의 행위가 범죄에 해당된다는 것을 자각하고 있었을 것이다. 그럼에도 불구하고 부모나 친지의 사망 사실을 숨기고 연금에 의지할 수밖에 없는 이러한 상황에 현재의 중년 싱글이 직면한 딜레마가 전형적으로 투영되고 있다고 생각한다.

지금까지 발각된 연금 부정 수급 사건은 빙산의 일각에 지나지 않을 것이다. 2010년에는 소재 불명의 고령자 문제가 사회를 떠들썩하게 했다. 도쿄도 아다치구에 주소를 둔 남성 시체가 백골 상태로 발견되었다. 이 남성의 호적상 나이는 111세로 밝혀졌는데, 만약 시신 발견 직전까지 살아 있었다면 일본의 고령자 중 최상위의 장수 노인으로 기록되었을 것이다. 이 남성은 시신이 발견되었지만, 현재 일본에는 호적이나 주민등록과 같은 공적 서류상으로는 생존하고 있으나 생사 확인이 불가능한 고령자가 실제로 존재하고 있는 것으로 알려져 있다. 그 중에는 자녀가 부모의 죽음을 숨기고 연금을 부정 수급하는 사례도 다수 포함되어 있을 것으로 추측된다.

1990년 기준 20세로 부모와 동거했던 젊은 싱글은 2013년 현재 43세에 이르렀고, 그들의 부모는 70세 전후를 기록하고 있다. 평균 수명을 고려할 때 부모와 동거 중인 중년 싱글은 이제부터 부모의 죽음을 본격적으로 경험하게 되리라는 사실에 주목할 필요가 있다. 수입이 적거나 직업이 없는 상태에서 부모와 동거하는 중년 싱글이 증가하고 있는 바, 부모 사망 이후 생계유지에 어려움을 겪는 싱글이 점차 늘어날 것으로 예상된다. 이에 따라 연금 부정 수급 문제 또한 더욱 확대될 것이란 우려도 있다.

<도표 9> 학대 가해자와 고령자의 관계

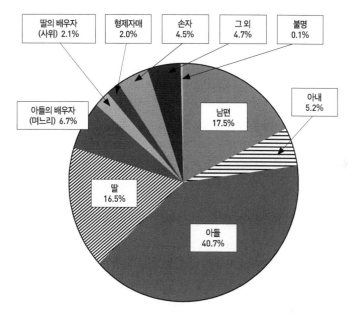

※ 가해자 총 인구수는 18,126명에 이른다.
출처: 후생노동성 「2011년 고령자 학대 방지, 고령자의 보호자에 대한 지원 등의
법률에 의한 대응 상황에 관한 조사 결과」

　　부모의 고령화가 진행됨에 따라 부모와 동거 중인 중년 싱글에
의해 자행되는 '노인=부모 학대'가 사회 문제로 부상할 가능성도 배
제하기 어려운 현실이다. 상시 돌봄을 필요로 하는 고령의 부모를
모시는 것은 매우 힘든 일이다. 특히 남성은 가족이든 타인이든 누
군가를 돌보는 것에 익숙지 않거니와 이를 힘들어하는 경우가 다반
사이다.

설상가상으로 지금까지 보살핌을 받던 입장에서 누군가를 돌보는 입장으로 쉽사리 전환하지 못함으로써 고령 부모를 방치하거나 학대하는 결과로 이어지기도 한다. 직장을 다니면서도 부모를 성의껏 돌보는 아들도 있긴 하지만, 오늘날 고령자 학대의 가해자 중 아들 비중이 특별히 높은 것은 이러한 배경과 관련이 있으리라 생각된다(도표9).

고령 부모를 돌보는 일이 힘에 부친다면 부모를 요양시설에 맡기는 것이 바람직한 대안이라는 데에 동의하는 비율도 높을 것이다. 그러나 고령자 학대 역시 연금 사기 문제와 동일한 맥락에서 살펴볼 수 있다. 부모를 시설에 맡길 경우 부모와 동거하던 자녀는 부모의 연금으로 생활할 수 없게 되므로 결정을 망설이거나 유보하게 된다. 그 결과 연금 부정 수급과 마찬가지로 부모의 방치 및 학대로 연결되는 상황이 발생하게 된다. 물론 싱글 자녀에 한해서만 그런 것이 아니라 기혼 부부가 부모를 돌보는 경우에도 방치나 학대가 일어날 수 있다. 그러나 부모가 고령 싱글에 자녀가 중년 싱글일 경우, 특히 중년의 남성 싱글과 부 혹은 모 1인과 2인 가족을 이루어 생활할 경우, 다른 사람들의 관심 밖에 있어 한층 더 학대에 쉽게 노출된다.

다른 사람의 시선이 미치지 않는 아동 학대와 마찬가지로 고령자 학대 또한 과소보고under report 대상이지만, 고령자 학대는 쉽게 발각되기 어려운 사정이 한 가지 더 있다. 피해자인 부모의 입장에서 생각해 보면 가해자인 자녀를 지키고 싶은 마음에 더하여, 자녀에게 범죄자라는 굴레를 씌우고 싶지 않다는 마음도 있을 것이다. 자녀를 신고한 후 자녀와 떨어져 살게 되면 그나마 자신을 걱정해 주는 사람이 사라질지 모른다는 두려움도 있을 것이다. 결국 부모가 자녀를 적극적으로 고소하는 것이 현실적으로 어렵기 때문에 부모 학대는 사회 문제로 이슈화되기 어려운 구조를 안고 있다 하겠다.

부모 학대를 사회적 이슈로 부각시키기 어렵다는 것은 미디어에 보도됨으로써 사회적 관심을 불러일으키는 건수 이상으로 실제 현황은 매우 심각한 상태에 있음을 의미한다. 이 문제는 돌봄이 절실하게 필요한 부모의 비율이 증가함에 따라 더욱 확장될 것이 분명하다. 이 모든 것이 머나먼 미래의 이야기가 아님을 기억해야 할 것이다.

고립화된 고령 싱글의 폐해

최근 일본에서는 고령자 범죄가 증가 추세를 보이고 있다. 경찰청 보고서 「2012년 범죄 상황」에 따르면 65세 이상 고령자 가운데 형사범으로 검거된 인원이 2007년까지 꾸준히 증가한 바 있고, 그 이후에는 거의 동일한 비율을 유지하고 있다(도표 10).

<도표 10> 고령자 형법범의 검거 인원 추이

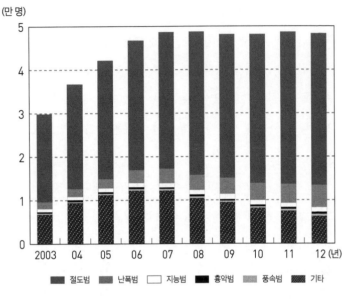

출처: 경찰청「2012년 범죄 정세」

형법범 대상의 포괄적 죄종별 분류에 의하면 점유이탈물횡령 (자전거 도둑 등)의 경우는 감소 추세가 뚜렷하고 흉악범(살인, 강도 등)이나 지능범죄(사기 등)의 경우는 거의 변동이 없는 반면, 난폭범(폭행 상해 등), 절도범, 풍속범죄(도박, 음란 등)의 경우는 계속 증가 추세를 보이고 있다. 특히 주목을 요하는 것은 절도범죄이다. 2003년 도둑으로 검거된 고령자는 17,456명이었으나, 2012년에는 28,673명으로 증가했다. 이는 9년 사이 약 1.6배 증가한 수치이다.

고령자 범죄 중에서도 난폭범 및 절도범죄가 증가하는 이유는 무엇일까? 아마도 가족의 포용과 지원을 받지 못하는 고령 싱글의 증가가 이와 무관하지 않다고 생각한다.

고령 싱글의 고립화 현상은 자녀들로부터 돌봄을 지원받음으로써 지금까지는 심각한 사회 문제로 부상하는 것을 모면해 왔다. 자녀가 부모를 위해 제공하는 지원 방식은 경제적 도움이나 신변 보호에만 한정되는 것은 아니다. 의외로 큰 비중을 차지하는 것은 심리적 지원이다. 현역에서 은퇴한 고령자에게는 가족이 자신의 존재 의미를 인정해 주는 중요한 주체임이 분명하다. 특히 현역 시절에는 사생활도 없이 회사에만 매달렸던 남성이라면, 은퇴 후에는 가족만이 유일하게 자신과 사회를 연결시켜 주는 통로가 된다. 비록 같은 공간에서 함께 생활하지는 않더라도 자녀의 존재는 그 자체로 부모에게 든든한 심리적 버팀목이 되어 줄 것이다.

고령 싱글에게 가족이 존재한다는 것은 자제력을 갖게 하는 기능을 하기도 한다. 고령자 자신이 욕심에 사로잡혔다 하더라도 자신이 죄를 지으면 소중한 가족을 부끄럽게 만드는 결과를 가져오게 되니, 그런 일을 하면 안 된다고 스스로를 억제할 수 있게 된다는 것이다. 하지만 무자녀 고령 싱글의 경우는 그러한 자제력조차 약화되거나 사라진다. 고립되면 정신적으로 거칠어지며 규범의식도 느슨해진다. 이는 고령자 범죄를 증가시키는 주요인으로 작용할 것이다.

물론 악화되고 있는 고령 싱글의 경제 상태 또한 고령자 범죄의 증가를 가져오는 핵심 요인일 것이다. 연금 수령액이 낮아 생활 보호조차 받을 수 없는 상황이라면 오히려 죄를 짓고 형무소에 들어가 삼시 세끼를 제공받는 편이 낫겠다고 판단하는 고령 싱글이 존재하고 있음은 일면 이해가 가기도 한다. 실제로 출소 후 생계를 유지하는 데 지쳐 다시 형무소로 돌아가기 위해 범죄를 저지르는 사례도 발생하고 있다. 이러한 악순환이 계속되는 한 고령자 범죄를 억제하기는 어려울 것이다.

시청에 '장례과'가 생긴다!?

싱글이 가족 안으로 포섭되지 못하는 사회에서는 고립화된 죽음이 증가한다. 현재 젊은층의 4분의 1은 평생 독신 지위를 유지할 것으로 예상되고 있다. 그 중 상당수는 부모와 동거를 하고 있다. 부모와 동거하는 동안은 가족의 포용을 받게 되지만 부모가 사망한 후에는 독거 고령 싱글이 되어 홀로 죽음을 맞이할 확률이 높아진다. 앞서도 숫자를 인용해서 밝혔지만 지금의 30대 생애미혼율이 20퍼센트를 기록하면, 연간 사망자 수를 150만 명으로 추산할 경우 가까운 미래에 적어도 30만 명이 고립된 죽음을 맞이할 것으로 추론된다. 생애미혼율이 25퍼센트로 증가하면, 고립사孤立死를 경험하게 되는 숫자가 연간 37만 5000명에 달하게 될 것이다. 여기에 무자녀 이혼 커플이나 사별 커플의 숫자를 더하면, 사망 시 무가족 상황에 놓이는 숫자는 더욱 증가할 것이 확실하다.

　여기까지 오면 고립사는 더 이상 예외적 죽음이 아니라 빈번하게 발생하는 일상적 죽음의 형태가 될 것으로 예상된다. 현재는 절대적 수치가 적기 때문에 관공서에 고립사 담당자를 두지 않더라도 대응이 가능하지만, 4명 중 1명 혹은 연간 수십만 명이 고립사의 늪에 빠지는 사회가 되면 지금과 같은 방식의 대응은 무리가 따를 것이다. 친구나 친지가 나서서 장례식을 치러 줄 수는 있으나 유골 처리 문제는 그대로 남게 된다. 당사자의 유언이 없을 경우는 필히 친척을 찾아내야만 하는데, 친척을 찾을 수 없거나 친척이 유골 수령을 거부하면 관공서가 처리해야만 하는 상황이 발생하게 된다. 가까운 미래에 시청과 같은 관공서에 '고립사 매장과'(가칭)가 신설되어 고립사로 인한 사후 대응이 일상 업무로 자리 잡게 되는 시대가 오리라 생각한다.

개인적 차원에서 고립사에 대비하고자 '슈카쓰'終活* 이른바 종말終末 활동을 준비하고 있는 사람도 늘어나고 있다. 일례로 건강할 때에 자신의 장례식과 무덤을 준비하기도 하고, 때로는 죽음에 앞서

---

* 인생의 종말을 위한 활동의 줄임말로, 자신의 죽음을 의식하여 인생의 마지막을 맞이하면서 필요한 준비를 하거나 삶을 총괄적으로 정리하는 작업 등을 의미하는 용어이다. 자녀가 외동이거나 무자녀 부부 혹은 미혼자가 흔한 시대에는 장례식이나 유골 수습 등이 자녀 세대에게 큰 부담을 줄 수 있다. 쇼와기 이전과 비교해 볼 때 지역사회 내 인간관계가 회소해지고 있는 오늘날은 사회적으로 '슈카쓰'가 확산되고 있다. 이런 의미에서 '생전 장례'를 치르는 사람도 늘고 있는데, 본래는 출석이 불가능했을 자신의 장례식에 상주로 참가할 수 있기 때문에 자신이 생각했던 방식으로 장례식을 치르기도 한다. 대부분의 생전 장래는 밝은 분위기로 진행되고, 일반 장례와는 달리 다채로운 이벤트적 장례식이 주를 이룬다고 한다. 형식은 매우 다양해서 노래경연대회, 파티, 자비 출판 등이 애용되고 있다. 그러나 정작 본인이 죽음을 맞이하게 되면 가족들이 다시 장례식을 치르는 경우가 많다.

'생전 장례'를 치르는 사례도 있다. 해부학자인 요로 다케시養老猛司와 탤런트 데리 이토テリー伊藤는 이미 생전 장례를 치른바 있다고 전해 진다.

앞으로는 슈카쓰를 지원하거나, 사망 시 가족을 대신해서 장례 를 주관하는 서비스 대행업체들이 틀림없이 등장할 것이다. 이는 가 족의 보살핌을 받지 못한 채 죽음을 맞이해야 하는 사람들이 늘어 가는 미래의 또 다른 우울한 모습일 것이다. 이 또한 경제적으로 여 유가 있다면 큰 문제가 없을 테지만, 향후 고령 싱글은 경제적 곤궁 함을 겪는 경우가 빈번하리라 예상된다. 본인의 소망과 무관하게 돈 이 없어서 고립된 죽음을 맞이한 후 관공서에 수습을 맡겨야 하는 고령자가 점차 증가할 것으로 판단된다.

싱글화의 미래 디스토피아 : 경제 격차와 가족 격차

넷카페 난민, 연금 부정 수급자, 고령자 학대, 고령자 범죄, 거기에 고독사까지. 이 범주에 속하는 사회 현상은 현재 싱글화가 야기한 상징적 사건으로 인식되고 있다. 그러나 가까운 장래에 넷카페 난민 부터 고독사에 이르는 사회 현상은 상징적 사건을 지나 일상생활의 일부로 자리 잡게 될 것이다. 앞서도 지적했듯이, 양적으로 증가 추 세에 있는 싱글 라이프는 향후에도 계속 증가할 것으로 예상된다. 싱글이 야기하는 제반 문제들은 남의 일이 아니라 자신과 가까운 친 지들이 당사자로서 겪게 될 사회 문제에 해당될 것이다.

뒤를 이어 기다리고 있는 것은 '가족 격차'家族格差 사회이다. 가족을 만들고 유지할 수 있는 사람들은 가족 안에 포섭되어 안정된 생활을 누릴 수 있지만, 가족을 만들 수 없거나 유지할 수 없는 사람들은 가족 안에 포섭되지 못한 채 경제적 빈곤과 심리적 불안정을 피할 수 없게 된다. 이 상태가 지속된다면 가족 격차에 따른 계층 사회로 진입할 가능성이 높다. 후자인 가족을 만들 수 없는 사람 범주에는 당연히 싱글이 포함된다. 결혼 못한 사람, 결혼 후 이혼한 사람, 자녀가 없이 파트너와 사별한 사람 등이 최하층 계급(언더클래스화)으로 전락해 버리는 것이다. 가족 격차는 경제 격차에 의해 초래된다는 사실을 유의해야 한다. 누구나 원하면 가족을 형성할 수 있었던 1990년까지는 경제 격차라 했을 때 생활에 여유가 있는 사람과 없는 사람으로 나뉘는 형태였다. 그러나 현대 일본의 저소득층 남성은 결혼 자체가 어렵기도 하거니와, 혹 결혼을 했다 해도 이혼율이 높기에, 돌싱이 된 채 고립되기 용이한 상황에 놓여 있다. 경제 격차가 곧바로 가족 격차로 전환되고 있는 것이다.

고립된 싱글을 지원하기 위해 우선적으로 생각해 볼 수 있는 것은 생활 보호 등을 위시하여 사회보장체계를 공고히 하는 것이다. 그러나 사회보장 재원은 무궁무진하지 않다. 국가가 싱글 구제에 나설 경우, 비싱글 계층으로부터 '사회보장 부담의 증가는 피해 달라'는 목소리가 높아질 것이다. 그렇게 되면 기존에 진행된 계층화뿐만 아니라 다른 차원의 계층 간 대립이 심화되는 사회의 도래 가능성도 점쳐 볼 수 있다. 싱글화의 진전이 사회적 연대를 파괴하고 계층 간 간극을 확대할 가능성이 높다는 점에서 그러하다. 가족 격차에 의해 분열된 사회는 일종의 디스토피아라 해도 무방할 것이다. 현재처럼 고립화된 싱글화가 진행된다면 미래는 장밋빛 전망 대신 암울한 경고등을 번쩍이게 된다는 점에서, 이러한 현상에 대해 결코 외면해서는 안 될 것이다.

4장_싱글화와 확대되는 '가족 격차'

공고해지는 일본 사회의 표준가족 모델

여러분은 '가족'이라는 단어를 들었을 때 어떤 이미지가 상상되는가? 아마도 기업에 근무하는 샐러리맨 남편과 전업주부 아내 그리고 두 명의 자녀로 구성된 4인 가족이 대도시 근교에 위치한 자기 집에서 행복하게 지내고 있는 이미지를 떠올리는 사람이 많을 것이다.

실제로 신문이나 텔레비전에서는 세금제도나 사회보장제도가 변경될 때면 '부부와 자녀로 구성된 4인 가족'을 모델로 부담금 변화를 시뮬레이션하는 경우가 종종 있다. 텔레비전 드라마에 등장하는 가족도 남편은 출퇴근하는 직장인, 아내는 자녀를 키우고 살림을 돌보는 전업주부로 표상되고 있다. 일본에서는 이러한 가족 이미지가 표준가족 혹은 정상가족 모델로서 다수의 의식 속에 정착하였다. 표준가족 모델은 높은 비중을 점하는 가족 형태임이 분명하다. 여기에 아내가 가사와 양육을 주로 담당하면서 시간제 근무자로 있는 가족까지 정상가족 범주에 포함한다면 40대 이상 가족의 과반수를 차지할 것으로 보인다. 이처럼 수적으로 다수를 점하게 된 결과, 일본에서는 표준가족 모델이 유일한 정상가족 모델로 자리매김됨으로써 그 이외의 가족 형태는 무시되거나 경시되는 경향이 있었음을 부인할 수 없다. 최근에는 자녀를 양육 중인 정규직 맞벌이 가족을 대상으로 시뮬레이션을 하기도 한다. 하지만 정규직 맞벌이 가족은 기존의 표준가족과 비교해 볼 때 보다 높은 생활수준을 누릴 수 있다는 점에서 상위의 모델로 인식되고 있다. 반면 표준가족 모델이나 맞벌이가족 모델 이외에 평생 싱글 지위를 유지하는 사례나 이혼 가족 사례는 일반인들의 인식 속에서 한번도 '이상적 가족'으로 자리잡은 적이 없었음은 주목할 만하다.

지금으로부터 약 15년 전, 필자가 생명보험회사 관련 단체에서 자문위원을 담당하고 있었을 때의 이야기다. 생명보험 계약 시 보험료를 산정할 때면 남편은 샐러리맨, 아내는 전업주부인 표준가족 모델이나 맞벌이 부부 가족 모델을 전제로 시뮬레이션을 실시한 다음, 고객에게 그 내용을 설명해 주는 것이 일반적 관례였다. 실제로는 이혼 부부의 비율이 높았지만 이를 간과한 채 남편이 사망한 경우나 남편 명의의 보험이 만기된 경우에 한정해서 설명하던 관행은 현실 가족의 다양성을 충분히 고려하지 못했던 결과로 판단된다.

당시 자문위원이었던 필자는 "이혼한 경우를 상정해서 노후 생활 설계를 시뮬레이션한 후 제대로 설명하는 편이 보험 계약자를 위해서도 바람직하다"는 의견을 제시하곤 했다. 이에 대해 보험회사 측 담당자는 "현실적으로 이혼 커플이 많다 해도 이혼한 경우는 보험 계약이 성사되지 않는다"는 의견을 내놓았다. 이는 해당 생명보험회사에만 적용되는 특별한 관행이 아니었다. 일본에서는 생명보험회사는 물론이요 대부분의 사회복지 및 사회보장제도 역시 평생 독신 및 이혼 가족을 예외적 사례로 간주해 왔다. 필자는 매년 평생 싱글과 이혼의 가능성은 누구에게나 존재함을 역설하며 문제점을 지적해 왔지만, 이는 여전히 보험 시스템의 시야 밖 사각지대에 놓여 있는 것 같다.

유일한 '복지 자원' 일본의 가족

3장에서 살펴본 바와 같이 '싱글화'로 인해 야기되는 다양한 사회 문제를 방치한 일본은 결국 '가족 격차 사회'를 향해 나아가고 있다. 가족 격차 사회에서 하위층을 점하는 집단은 사회가 인정하는 기존의 표준가족(남편의 안정적 고용을 기반으로 일정 수준의 생활을 누리며 자녀와 더불어 결혼 생활을 유지하는 가족)을 형성하고 유지할 수 있는 능력을 결여한 층이다. 구체적으로는 '경제적 이유'로 인해 결혼을 원하지만 못하는 사람, 이혼을 선택할 수밖에 없는 사람, 자녀를 두지 못한 채 노인이 되었으나 경제력이 없는 사람들이 해당되는데, 이들은 사회적으로 배제될 가능성이 높다. 즉 표준가족에 속하는 사람들과 동일한 생활 양식을 유지할 수 없는 경우 사회적으로 고립될 확률이 높아진다 하겠다.

그렇다면 왜 가족 없는 사람이 사회적 배제의 위험에 노출되는 것일까? 그 이유는 앞 장에서 계속 설명했듯이, 전후 일본에서는 가족이 경제적·심리적·사회적 약자를 포용하고 지원하는 역할을 주로 감당해 왔기 때문이다. 자유·평등·기본적 인권 보장 등의 이념을 기치로 발전해 온 근대 국가는 국민을 사회의 최소 단위로 설정하고 있다. 따라서 모든 유형의 사회적 약자 또한 한 사람의 국민으로서 국가나 사회의 지원 대상이 됨은 당연하다고 할 수 있다. 그러나 전후 일본에서는 가족의 역할이 과도하게 확대됨으로써 가족 이외에 경제적 도움을 제공해 주거나 정체성(자신을 인정해 주는 관계)의 기반을 마련해 주는 회로가 빈약해졌다.

1990년 무렵까지는 경제적·심리적·사회적 약자로서 자립이 불가능한 싱글을 가족이 포용하고 지원해 주는 시스템이 가까스로 작동하고 있었다. 표준가족 모델 범주에서 벗어난 젊은 싱글 및 중년 싱글은 부모에게 돌봄을 요청할 수 있었고, 노년 싱글도 자녀에게 돌봄을 요구할 수 있었다. 국가 혹은 사회의 입장에서 볼 때 가족이 '복지 자원'의 역할을 충실히 수행해 주고 있었기 때문에 가족의 품에 사회적 약자를 맡기고 있는 동안은 별다른 사회 문제가 눈에 띄지 않았던 셈이다.

하지만 표면적으로는 문제가 없는 것처럼 보여도 사회적 약자를 가족에게 맡김에 따라, 현실에서는 두 가지 유형의 문제가 발생했다. 하나는 가족이 있는 사람과 없는 사람 사이에 불평등이 발생한다는 점이다. 가족의 역할이 확대되는 과정에서 가족 돌봄의 역할과 책임을 담당하게 된 구성원에게는 다양한 차원에서 과중한 부담이 부과되었다.

이러한 현상을 함축적으로 상징하는 재판이 열린 적이 있다. 2013년 8월 치매로 인해 발생한 사고에 대해 제기된 소송에서 나고야 지방 법원이 내린 판결은 주목할 만하다. 이 소송은 치매 진단을 받은 바 있는 91세 남성이 JR역 구내 선로에 치여 사망한 사건과 관련된 것으로, JR도카이東海 측이 치매 노인을 간호하던 가족을 상대로 열차 지연으로 인한 손해 배상을 청구했던 것이다. 법원은 치매 노인 가족이 주의 의무를 게을리한 것에 대해 720만 엔 배상을 명령했다(2014년 4월 나고야 고등법원이 360만 엔으로 감액 판결했으나, 상소심에서는 가족에게 배상 책임이 없는 것으로 결론이 났고 2016년 3월 JR도카이의 패소가 확정되었다—옮긴이).

치매 부모를 온종일 감시하고 보호하는 것은 가족에게도 상당한 부담임이 틀림없다. 그럼에도 2014년 당시 법원은 가족이 환자의 간호를 담당하고 있는 한 사실상 환자 보호 및 주의의 책임에서 벗어날 수 없다는 판결을 내렸다. 치매 부모를 간병 중이던 가족은 이 판결로 인해 실망이 컸을 것이며, 환자 간호의 책임에서 자유로웠던 가족은 안도의 한숨을 내쉬었을 것이다.

이상의 소송 판결에서 볼 수 있듯이 '약한 가족'(구성원 중 치매 환자가 있는 가족 또는 정상가족 범주 밖의 구성원 중 병자가 있는 가족을 지칭함—옮긴이)의 구성원은 그렇지 않은 가족의 구성원에 비해 상대적으로 큰 부담을 강요당하고 있다 할 것이다. 이 문제는 물론 현재에 국한된 이야기는 아니다. 예로부터 약자를 보살펴 온 가족은 부담을 강요당하고 있었다. 다만 고도성장기 전까지는 전체 국민의 생활 수준이 낮았던 데다, 약자를 돌보는 부담감은 있었지만 가족이 서로 의지하고 있다는 충족감을 통해 어느 정도 보상을 받을 수 있었다. 그러나 지금은 가족 간의 사랑이란 정서적 보상만으로는 견디기 힘들 정도로 약자를 포용 중인 가족과 그렇지 않은 가족 사이에 뚜렷한 격차가 조성되기 시작했다.

실제로 약자를 보호하고 지원하는 역할을 가족에게 부과하면 싱글화를 가속화시키는 결과를 가져오게 마련이다. 일례로 부모를 간호하는 것이 부담스럽다고 판단되면 형제자매끼리도 서로 부담을 피하려고 하다가, 결국 부모 혼자 생활을 꾸려가는 고령 싱글이 될 가능성이 높아진다. 그런가 하면 정규직 취업에 실패한 채 대학을 졸업하게 된 자녀를 부모가 돌봐야 한다는 부담이 두려워 향후 소자녀 및 무자녀를 선택하는 부부도 늘어날 것이다. 필자가 내각부 경제사회종합연구소를 통해 실시한 조사에서도 자녀들에게 고등교육 기회를 제공하려는 의지가 강한 부부일수록 자녀를 계획할 때 원하는 자녀 숫자가 감소하는 것으로 나타났다(도표 11).

<図表 11> 출산 예정 아동수와 진학 희망 간 관계

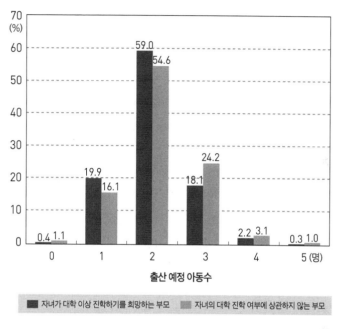

출처: 야마다 마사히로, 마쓰다 시게키, 시 리핑, 나가타 나쓰키, 우치노 준코, 이지마 아키
「부부의 출산력 저하 요인에 관한 분석」(내각부 경제사회종합연구소·2013년)

부모와 자녀의 보살핌을 가족 시각에서 조망해 보았을 때, 가족의 경제적 부담을 고려해야만 하는 여성 입장에서는 당연히 경제적 안정성을 갖춘 상대가 아니라면 결혼하지 않겠다는 심리를 갖게 될 것이다. 결혼 조건이 까다로워질수록 싱글 비중은 확대될 것이 당연하다.

약자들을 돌보고 포용하는 가족 역할에 대한 기대가 커질수록 싱글화 현상이 가속화되고, 싱글의 증가는 다시 약자의 증가로 연결되는 악순환에 빠지게 될 것이다. 약자의 돌봄과 간호를 가족에게 전적으로 의존하는 시스템이 이제 한계를 맞이한 것이다. 그럼에도 악순환의 고리를 해소할 기미는 좀처럼 보이지 않고 있다.

싱글에게 유독 인색한 일본의 사회보장제도

또 다른 문제는 약자를 가족에게 맡겨 온 나머지, 가족 보호망의 혜택에서 제외된 사람들을 포섭하는 안전망이 취약하다는 점이다. 일본의 사회보장 및 사회복지제도는 표준가족을 전제로 설계되어 있다. 따라서 가족 안으로 포섭되지 못한 사람은 사회보장 및 사회복지행정 전달 체계에서도 제외되는 결과를 가져오고 있다.

단적인 예로 연금 제도와 관련된 다음 사례를 생각해 보기로 하자. 여기 한 쌍의 부부가 있는데, 이들의 나이 차는 25세에 이른다. 남편은 정규직 종사자였고 아내는 전업주부로, 부부 나이 차이는 컸지만 형태상으로는 전형적인 표준가족에 속했다. 남편이 오랜 병환 끝에 80세로 사망하게 되자 55세 부인은 비교적 젊은 나이임에도 생활에 부족함이 없는 유족후생연금을 받을 수 있게 된다.

반면 어머니는 이미 돌아가셨고, 80세에 이른 아버지가 한 분 계시는 경우를 상정해 보자. 아버지는 사별 싱글, 딸은 생애 싱글인 상황에서 아버지를 간호 중인 55세 딸의 상황은 어떨까. 싱글인 아버지와 역시 싱글인 딸의 생활비는 부모의 후생연금에서 나온다. 단 아버지가 80세에 사망하는 경우 딸은 유족연금 대상자에 포함되지 않는다. 국민연금에 가입한 딸은 보험료를 납부하고도 연금 수급 개시 연령인 65세까지 기다려야 한다. 덕분에 55세의 딸은 향후 10년간 무연금 상태로 살아가야만 하는 상황에 직면하게 된다. 게다가 국민연금 액수는 유족후생연금에 비하면 상당히 낮은 수준에 머물러 있다.

동일한 연령 차이를 보이는 남녀 한 쌍이 함께 거주하며 생계를 공유하고 있을 경우 두 사람의 관계가 부부인지, 친자인지 아니면 싱글인지 여부에 따라 남성 사망 후 연금 소득액이 달라진다. 이유는 일본의 연금 제도가 표준가족 모델을 기반으로 만들어졌기 때문이다. 이혼 후의 연금도 마찬가지이다. 예를 들면 전업주부 아내가 정규직 종사자인 남편과 이혼할 경우, 현재는 연금 분할 제도를 적용받을 수 있지만 후생연금의 경우 부인이 받을 수 있는 금액은 소액에 불과하다. 전업주부로 살아온 부인은 연금에만 의지해서 살아가야 할 가능성이 높음에도 말이다. 이 또한 일본의 연금 제도가 이혼 가능성을 고려하지 않고 부부가 평생 해로하는 표준모델을 상정해 설계되었기 때문이다.

이러한 약점과 한계에도 불구하고 사회보장제도가 널리 통용되었던 이유는 많은 사람들이 표준가족 모델을 형성·유지해 왔기 때문이다. 실제로 생애 싱글이나 이혼 후 싱글은 어디까지나 예외적 존재로 인식되었다. 싱글을 예외적으로 간주하는 제한적 인식의 연장선에서 자산과 예금 등 모든 것을 잃은 싱글에 한해 최소한의 생활보호 수단만 제공하는 선에서 행정 지원이 실시되어 왔고, 그나마 나머지 범주의 싱글은 방치되었던 것이다.

그러나 싱글화의 진행과 더불어 표준가족 형성 및 유지 비율이 눈에 띄게 감소할 경우 기존의 사회보장제도가 이에 대응하지 못할 것임은 불을 보듯 뻔하다. 싱글화된 사회에 대응하기 위해서는 사회보장제도의 기반을 가족 또는 가구로 상정하는 대신 개인 단위로 재구축하는 것이 요구된다. 하지만 기존의 행정 지원 체계는 가족을 전제로 한 사회보장제도에 대해 아무런 문제의식을 갖고 있지 않다. 덕분에 이를 재작업하기 위한 어떠한 시도도 찾아볼 수 없었고, 현재도 변화의 조짐을 찾아보기 어려운 상황이다.

사회보장제도의 대전제가 뿌리째 바뀌지 않는다면 가족을 형성하고 유지할 수 없는 사람은 가족으로부터 받는 지원은 물론, 행정 차원에서도 아무런 지원을 받을 수 없는 것이 일본의 현실이다. 가족 및 사회적 지원망에서 배제된 이들은 최하층으로 전락할 것이고, 그 단계에 이르러서야 비로소 최소한의 행정 지원 대상이 될 것이다. 가족 격차는 바로 이러한 메커니즘을 통해 발생한다.

여러 번 언급해 왔듯이 오늘날의 젊은 세대는 평생미혼율이 25퍼센트에 이른다. 설사 결혼을 한다 해도 높은 이혼율을 감수하지 않으면 안 된다. 이혼하지 않는다 해도 남편이 정규직 종사자로서 가정 경제를 책임지고 아내가 전업주부로서 가사와 자녀 양육을 전담하는 표준가족을 유지할 수 있는 확률은 과거에 비해 매우 제한적이다. 이들 일부에게만 혜택이 주어지는 사회보장제도는 가족 격차를 확대시키는 주범이 된다.

가족 역할이 확대될수록 증가하는 미혼화 및 저출산

가족의 역할이 확대되면 될수록 이는 미혼화 및 저출산의 원인이 된다. 가족을 구성하게 되면 자신의 가족을 돌보는 것이 국가와 사회의 책임이 아니라 오롯이 자신의 몫이 된다. 이에 따라 저소득층 출신 남성과 결혼하게 될 경우 자녀들이 불행해질 것을 우려하여 결혼 자체를 주저하는 여성들이 출현하고 있다. 일전에 미혼 여성을 상대로 인터뷰를 하는 자리에서, "자신은 가난해도 상관없지만 자녀에게 만큼은 가난을 물려주고 싶지 않기에, 고수입 남성이 아니면 결혼하지 않겠다"는 고백을 들은 적이 있다. 결혼 상대가 노령의 부모를 모시고 있는 경우는 부모 간호 및 간병에 대한 부담뿐만 아니라, 노부모의 경제적 지원에 대한 부담까지 덧붙여져, 자녀를 위한 지출을 양보할 수밖에 없다는 생각을 할 수도 있을 것이다.

결혼하고 자녀를 낳으면 부모는 의당 자녀를 양육하고 교육해야 한다. 이는 부모의 당연한 의무라고 생각할 수 있을지 모르지만, 1인당 수천만 엔에 이르는 천문학적 비용이 자녀 교육비로 지출되는 상황에서는 출산을 선택한다는 것이 쉽지 않을 수도 있다. 특히 일본에서는 고등교육 비용까지 부모나 가족이 전적으로 부담해야 한다. 국립사회보장·인구문제연구소 조사에 따르면 이상적 자녀 수만큼 마음껏 출산하지 못하는 가장 주된 이유는 '육아 비용이 부담스럽기 때문'으로 나타나고 있다(「제14회 출생 동향 기본 조사」, 2010). 설상가상으로 현재는 대학 교육을 끝내고 성인이 된 후에도 원하는 직장에 취업하는 것이 용이하지 않은 상황이다. 대학 졸업까지 소요되는 교육비만으로도 대단히 부담스러운데 졸업 후 취업에 성공할 때까지 자녀를 지원해야 하는 상황이 되면 부모의 부담은 더욱 가중될 것이 확실하다. 지금의 젊은 세대는 자녀 양육 및 교육으로 인한 부담에 시달리는 부모 모습을 가까이서 접해 왔기에, 자녀를 여럿 낳아 키우고 싶다는 의욕을 점차 상실해 가고 있을 것이다.

오늘날의 일본은 개인의 생애주기를 이행해 가는 데 필수적인 과업을 완수함에 있어 필히 요구되는 경제적·심리적 요건을 모두 가족이 책임지도록 강요하고 있다. 이러한 현실적 압력에 부담을 느끼거나 불안을 경험함으로써 결혼 자체를 주저하거나 자녀 출산을 자제하는 커플이 증가하고 있는 것이다.

만일 사회보장의 혜택이 개인 단위로 제공된다면 가족은 구성원의 복지를 전적으로 책임지고 돌봐 주어야 한다는 중압감에서 해방될 수 있을 것이다. 나아가 자녀가 고등학교를 졸업한 이후 고등교육을 받고자 할 경우 사회가 교육비 지원을 전담해 준다면 가족의 경제적 부담을 줄이는 효과를 가져오게 될 것이다. 그렇게 된다면 결혼이든 출산이든 진입 장벽이 낮아지고, 그에 따라 자신의 가족을 만들고자 하는 비율도 증가하게 될 것으로 생각한다.

가족의 어깨 위에 과도한 사회적 책임과 과중한 사회적 역할을 할당하는 것은 표준가족 모델로부터 벗어난 가족 및 개인을 배제시키는 결과를 가져온다. 뿐만 아니라 가족에게 부과되는 책임과 역할이 크면 클수록 결혼 및 출산의 장애물 또한 공고해짐으로써 가족을 구성하는 것 자체가 어려운 환경이 조성된다. 그 결과로 오늘날 일본에서는 저출산 및 고령화가 심화되고 있는 것이다.

싱글 가능성이 높은 집단, 싱글 가능성이 낮은 집단

가족을 형성하고 유지할 수 없는 싱글이 가족과 사회에 포섭되지 않은 채 '최하층계급'으로 전락하는 상황에서는 결혼을 할 수 있을지 없을지, 한다면 결혼 생활을 지속할 수 있을지 없을지 여부가 개인의 인생을 좌지우지할 가능성이 높다. 그렇다면 어떤 배경을 가진 사람들이 보다 쉽게 싱글 지위를 갖게 되는가? 이에 대해서는 각종 조사 결과를 통해 명확한 경향을 진단해 볼 수 있다.

남성 중에서는 경제적 약자에 속하는 경우가 결혼하기 어려운 집단 가운데 높은 비중을 차지한다. 수입과 고용 사이에는 밀접한 상관관계가 존재함은 물론이다. 따라서 불안정 고용을 특징으로 하는 저소득층 남성은 연인을 만나는 단계에서부터 결혼에 골인하는 단계에 이르기까지 적정한 파트너를 만나는 것부터 쉽지가 않다. 예를 들어 결혼정보회사가 제공하는 서비스에 등록하려고 해도 남성은 일정한 직업이 있어야 조건을 맞출 수 있다. 불안정한 고용 상황에 소득 수준이 낮은 남성이라면 결혼정보회사에서도 문전 박대를 당한다. 지방자치단체가 곤카쓰^{婚活}를 목적으로 주관하는 공공 파티 public party라면 남성의 조건을 깐깐하게 따지지 않는 만큼, 어떤 조건의 남성이라도 파티 참여가 가능하지만, 여성은 남성의 프로필란을 꼼꼼하게 체크해서 선별한 후 상대를 선택하기 때문에 결혼을 목적으로 하는 만남이라면 결국 저소득층 남성일수록 배우자 상대로 선택될 확률이 낮은 것이 현실이다. 물론 성격 또는 외모를 자신의 매력으로 내세워 파트너를 찾는 남성도 있다. 그러나 저소득층 남성 가운데 외모가 출중하거나 성격이 원만해서 낮은 수입을 보상하고도 남을 만큼 충분한 매력을 겸비하고 있는 경우는 극히 드물다. 결국 저소득층 남성 중에는 결혼에 골인하지 못하는 사례가 출현하게 된다. 불과 20여 년 전만 하더라도 대부분의 남성들이 정규직 종사자였기에 직업상의 이유로 결혼하지 못하는 문제는 거의 찾아보기 어려웠다. 당시는 결혼 건수가 현재보다 현저히 많았음은 물론이다.

경제적 상황이 불안정한 남성일수록 결혼 확률이 낮아지는 현상은 아직도 남성이 생계 부양자임을 당연시하는 인식과 이를 뒷받침하는 사회 시스템이 공고하기 때문이다. 결혼 후 남녀가 함께 가족 생계의 책임을 공유하고 함께 자녀 양육에 참여할 수 있는 시스템이 제도적으로 마련되어 있지 않은 데다, 의식 차원에서도 수용되고 있지 않기 때문에 나타나는 현상이라 생각한다.

한편 여성의 상황은 어떤지 살펴보자. 여성의 경우 싱글 속성에 집단별 차이는 거의 발견되지 않는다. 예전에는 고학력·고수입 여성이 남성에게 외면당한 결과 싱글로 남게 될 가능성이 높았지만, 지금은 여성의 학력이나 소득에 따른 결혼 성공 확률에 거의 차이가 나타나지 않고 있다. 실제로 여성의 경우는 남성과 달리 소득 수준과 싱글로 남을 확률 사이에 별다른 상관관계가 나타나지 않는다. 반면 젊은 세대의 경우는 여성도 남성과 마찬가지로 싱글로 남을 확률이 증가하고 있다. 남성 인구수가 여성보다 많기에 남자가 여자보다 결혼하기 어렵다고 볼 수도 있겠지만, 그 차이는 거의 무시할 수 있을 만큼 작기에 인구수가 결혼 확률의 높고 낮음에 영향을 미칠 정도는 아니라 하겠다. 결혼은 남녀 쌍으로 이루어지는 이상, 결혼 못하는 남성이 있으면 어딘가에 결혼 못하는 여성이 존재함은 물론이다. 여성의 경우 스스로 결혼 조건을 높임으로써 결혼의 용이성을 낮추는 측면이 있다. 일례로 여성이 배우자로 선호하는 상대의 희망 연봉과 현실 연봉 사이에는 상당한 차이가 존재하고 있기에, 이만하면 결혼해도 좋겠다는 남성을 만나는 것이 현실적으로 어렵다.

필자와 메이지야스다 생활복지연구소가 실시한 미혼자의 결혼관 조사에 따르면, 결혼 상대의 연 수입으로 어느 정도를 기대하는지 질문한 결과 남성은 '별로 고집하지 않는다'는 응답이 대다수를 차지했다(도표 12).

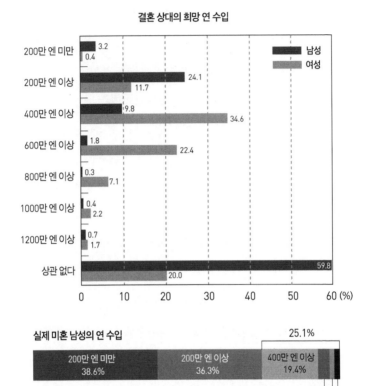

<도표 12> 미혼 여성 결혼 상대의 희망 연 수입과 미혼 남성의 현재 연 수입 비교(2010년)

결혼 상대의 희망 연 수입

구분	남성	여성
200만 엔 미만	3.2	0.4
200만 엔 이상	24.1	11.7
400만 엔 이상	9.8	34.6
600만 엔 이상	1.8	22.4
800만 엔 이상	0.3	7.1
1000만 엔 이상	0.4	2.2
1200만 엔 이상	0.7	1.7
상관 없다	59.8	20.0

실제 미혼 남성의 연 수입

| 200만 엔 미만 38.6% | 200만 엔 이상 36.3% | 400만 엔 이상 19.4% | 25.1% |

600만 엔 이상 4.0%
800만 엔 이상 1.0%
1000만 엔 이상 0.7%

출처: 메이지야스다 생활복지연구소 「Quarterly 생활복지연구」 74호
2010년 「결혼관 조사」(전국 대상 인터넷 조사. 20~39세 미혼자 4120명의 응답 자료).

반면 여성은 높은 연봉의 남성을 선호하는 경향이 분명하게 나타나, 결혼 조건으로 연 수입 400만 엔 이상의 수입을 기대하는 여성 비율이 68퍼센트에 달했다.

그에 비해 현실은 어떠한가. 실제로 연 수입 400만 엔 이상의 미혼 남성 비율은 25.1퍼센트로 4명 중 1명에 지나지 않는다. 〈도표 12〉의 그래프를 비교해 보면 여성이 결혼 상대자로 적합하다고 생각하는 남성에게 기대하는 연봉과 현실의 연봉 사이에 큰 격차가 있음이 명확하게 드러나고 있다. 여성이 희망하는 소득 수준과 남성의 현실 소득 사이에는 크나큰 불일치가 존재하기 때문에, 여성 쪽에서도 막연히 기다리기만 한다면 자신이 원하는 조건을 갖춘 상대를 만날 수가 없다. '곤카쓰' 개념이 알려진 직후 널리 확산된 데에는 이러한 배경이 자리하고 있다.

다만 곤카쓰에도 한계는 있다. 여러 곳에서 만남의 기회를 갖는다면 자신의 이상에 가까운 상대를 만날 확률은 높아지겠지만, 결혼 상대로서 만족스런 조건을 갖춘 남성의 숫자가 애초에 절대적으로 부족하기 때문에, 결혼하기 위해 열심히 노력한다 해도 원하는 상대를 만나지 못하는 사례도 비일비재하다. 따라서 여성의 경우는 자신의 소득 수준을 높여 경제적 안정성 등의 요건을 갖추거나 곤카쓰에 적극적으로 참여하는지 여부보다는, 결혼 상대에게 기대하는 연봉 수준이 결혼 성공 확률을 좌우한다고 할 수 있다. 일반적으로 배우자 선택 조건이 까다롭다거나 높은 사람일수록 싱글로 남을 가능성이 높은 것이 사실이지만, 현재는 그러한 경향이 더욱 뚜렷하게 관찰되고 있다.

<도표 13> 가족유형별·30대 가계 상황

	가계 유형	본인 연 수입	세대 연 수입	본인 월 수입	세대 월 수입
1	부부가족 남성 세대주	505	591	326,463	396,140
2	편부모 남성	-	-	216,974	275,138
3	부모 동거 미혼 남성	305	670	-	-
4	편부모 동거 미혼 남성	278	438	-	-
5	남성 독신자	429.5	-	267,674	-
6	부부가족 여성 배우자	174	623	49,246	402,120
7	편부모 여성	197	241	130,580	169,269
8	부모 동거 미혼 여성	269	689	-	-
9	편부모 동거 미혼 여성	215	421	-	-
10	여성 독신자	346.5	-	245,497	-

※ 본인 연 수입과 세대 연 수입은 만 엔, 본인 월 수입과 세대 월 수입은 엔 기준으로 표기했다.
본인 연 수입은 근무처가 있는 경우에 한함. 자영업의 가구당 월평균소득은 0으로 계산. 전국소비실태조사(2009년)
출처: 야마다 마사히로, 도마베치 신 「총무성 통계연수소 보고회 자료」.

다른 한편으로는 부모와 동거하면서 적당한 결혼 상대가 나타나기만을 기다리다 결국은 임자를 만나지 못한 채 나이만 들어가는 사례도 증가하고 있다. 높은 수입을 자랑하는 싱글 여성이라면 결혼 상대를 구하는 것이 상대적으로 쉬우리라 인식되고 있지만, 부모와 동거하는 미혼 여성 대부분은 비정규직 종사자로서 수입이 상당히 낮은 데다 미래의 배우자를 만날 기회도 정규직 종사자에 비해 적은 것으로 알려져 있다. 그 결과 비정규직 여성 싱글은 결혼에 골인하지 못한 채 부모와 동거하는 중년 싱글로 전환하게 된다.

〈도표 13〉은 필자와 도쿄가쿠게이대학 도마베치 신苫米地伸교수가 가족형태별 30대 연봉 수준을 비교 분석한 것이다. 이에 따르면 편부모와 동거하는 미혼 여성의 수입이 가장 낮은 수준임을 알 수 있다.

적극적으로 이혼을 선택하는 고수입 중상류층

중년기에 이르면 생애 한 번도 결혼한 적 없는 미혼뿐만 아니라 이혼 후 싱글이 되는 비율도 증가하게 된다. 일본의 이혼율은 1990년대부터 증가하기 시작하여 2000년경에는 최정점에 도달했다. 이혼이 한계에 도달했다고는 하나, 예전과 비교하면 이혼 건수가 큰 폭으로 증가하고 있어, 누구나 주위에서 이혼 경험자를 쉽게 접할 수 있는 상황이 되었다(도표 14).

그렇다면 어떤 사람들이 이혼할 확률이 높을까. 이혼은 경제적 상류층과 하류층, 양극단에서 빈번하게 일어나는 것으로 알려져 있다. 고소득층 부부는 성격 차이와 불륜으로 인해, 저소득층 부부는 생활 궁핍으로 인해 이혼에 이르는 경우가 눈에 띈다. 주체적 이혼이었는지 비주체적 이혼이었는지 분리해서 생각해 보면 흥미로운 경향을 발견할 수 있다. 주체적 이혼은 긍정적 전망하에 이혼을 선택한 경우이다. 이혼을 주체적으로 선택할 수 있는 싱글이라면 남녀 모두 고소득층일 것은 자명하다.

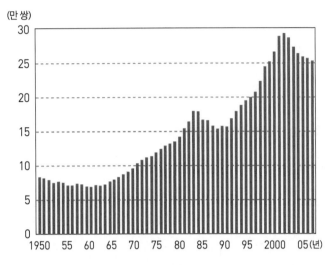

(만 쌍)

※ 1950~1972년은 오키나와를 포함하지 않음. 출처: 후생노동성 「2009년 '이혼 통계' 개황」

이는 쉽게 재혼할 수 있는지, 이혼 후 높은 생활 수준을 유지할 수 있는지 여부와 관련이 있다고 생각한다. 고소득층 남성은 이혼한 전 부인에게 위자료를 지불하거나 자산을 분할해도 여유가 있어 이혼을 결정하기가 용이할 뿐만 아니라, 이혼 후 재혼 상대를 찾는 것 또한 어렵지 않을 것이다. 한편 여성 입장에서도 정규직 근무자로서 안정적 수입을 확보하고 있는 경우 이혼 후 생계 유지에 대한 불안감이 상대적으로 낮기 때문에 주체적 이혼을 선택할 가능성이 높아진다.

문제가 되는 것은 비주체적 이혼이다. 오늘날은 미래의 삶에 대한 구체적 계획이나 이혼 후 삶에 대한 준비 없이 부득이하게 이혼을 선택하는 경우가 증가하고 있다. 이들 비주체적 이혼은 경제적 하류층에서 높게 나타나며 특히 남편의 수입이 저임금인 경우 뚜렷이 감지된다. 필자가 실시했던 인터뷰 및 설문 조사에서도 이혼의 주요 원인으로 경제적 이유를 제시한 경우가 다섯 쌍 중 한 쌍에 이르렀고, 헤어진 남편에 대한 불만 가운데는 '수입이 적다'는 사실이 가장 빈번하게 지목되었다(2006, 「이혼율이 급증하고 있는 사회에서 부부의 애정 관계에 대한 실증적 연구」, 과학연구비조성사업보고서).

일본에서는 남편이 가장으로서 돈을 벌어 생계를 책임지는 것이 당연하다는 의식이 아직도 강하게 남아 있다. 남성이 생계부양자라는 인식은 현실적으로 여성의 취업 기회가 낮은 것을 방증하기도 한다. 어쨌든 남편이 한 가족의 생계를 책임져야 한다고 믿는 사회에서는 남편의 소득이 감소하게 되면 아내 입장에서는 결혼을 유지해야 할 가장 중요한 기반이 사라지는 것을 의미하고, 남편이 저소득층으로 하강 이동을 하게 되면 '이혼해도 싱글이 되는 게 낫겠다'고 합리화하게 된다. 이러한 상황적 요인에 의해 비주체적 이혼에 이르게 되는데, 이 경우는 소득이 아예 없거나 있다 해도 적은 경우가 대부분이기 때문에 이혼한 여성의 다수는 부모 슬하로 돌아가거나 정부의 생활보호정책에 의지하지 않을 수 없게 되는 것이다.

이혼 후 싱글이 되어도 재혼하면 다시 새로운 가족을 형성할 수 있다. 그러나 최근에는 재혼 확률 자체가 감소되고 있다(2013, 요다 쇼헤이余田翔平 일본학술진흥회 특별연구원의 분석). 이혼 건수의 증가에 따라 재혼 건수 또한 증가하고 있는 상황에서, 이혼 후 싱글로 지내는 비율이 재혼 비율보다 빠른 속도로 증가하고 있다. 즉 예전에 비해 재혼 시 장애물이 높아지고 벽이 두터워지고 있는 것이다. 일본 부부의 재혼 가능성을 성별로 따져 보면 남성이 여성보다 높다. 일본의 경우 남성이 연상의 여성과 결혼하는 경우는 비교적 희소하며, 이혼한 중년 남성은 재혼 상대로 젊은 여성을 선택하는 경향이 농후하다. 따라서 중년 여성의 재혼 확률이 중년 남성보다 낮게 나타난다. 남성의 재혼이 용이하고 여성의 재혼이 용이하지 않은 경향은 지난 20~30년 동안 전반적으로 변화하지 않았다.

여성은 자녀 유무 여부가 재혼 확률에 영향을 미친다. 일본에서는 공동양육권을 인정하지 않기 때문에, 이혼 후 어느 쪽이든 자녀의 양육권을 가질 수 있다. 일반적으로는 여성이 양육권을 갖게 되는 사례가 많아 모자 가정母子家庭 비율이 부자 가정父子家庭 비율보다 압도적으로 높다. 남성이 자녀가 있는 여성을 꺼리는 것이든, 여성이 육아로 인해 재혼 엄두를 못내는 것이든, 어느 경우든 자녀가 있는 여성은 재혼 확률이 낮다. 이러한 전통적 의식이 여성의 재혼 확률을 낮추는 데 기여하고 있는 셈이다.

남성의 재혼 상황은 어떠한가. 사실 고학력·고수입의 남성은 이전 시대와 비교해도 재혼율에 있어 거의 변화를 찾기 어렵다. 반면 저학력·저소득층 남성은 예전에 비해 재혼 확률이 확연히 저하되고 있음이 요다 쇼헤이의 조사 분석 결과 드러났다.

저소득층 남성은 '결혼하기 어렵다', '이혼하기 쉽다', '재혼하기 어렵다' 이상의 삼중고에 시달린다는 점을 감안할 때, 이들이야말로 싱글로 남을 가능성이 가장 높은 계층이라 할 수 있을 것이다.

단, 남성의 경우는 자녀 유무가 재혼 확률에 거의 영향을 주지 않는다. 부자 가정父子家庭이냐 아니냐보다는 남성의 수입 수준이 높으냐 낮으냐가 재혼 성공 요인으로 훨씬 중요하게 작용한다. 자녀가 있든 없든 저소득층 남성은 재혼하기 어려운 실정이다. 한편 면회교섭권을 인정받기 어려운 일본에서는 이혼 후 상대방이 양육권을 확보하게 되면, 실질적으로 자녀를 만날 수 없게 되며 교섭조차 불가능하게 된다. 그리하여 호적상으로는 자녀가 있어도 실질적으로는 있다고 할 수 없는 고립된 이별 싱글이 증가하는 것이다.

고령기에 싱글로 남게 될 가능성이 높은 사람과 싱글로 남게 될 확률이 낮은 사람의 차이는 무엇일까? 수입이 불안정한 남성일수록 싱글 가능성이 증가하는 경향은 생애주기를 불문하고 동일할 것이다. 그러나 고령기에 이르면 이전 시기와 다른 문제가 대두된다. 배우자의 죽음이 바로 그것이다. 부부가 동시에 사망할 확률은 극히 드물다. 따라서 보통 부부라면 어느 순간 홀로 지낼 수밖에 없는 싱글 기간이 반드시 발생한다. 고령기에 싱글을 경험하는 것은 특별한 일이 아닌 것이다. 우에노 지즈코 교수의 주장대로 남성보다는 여성이 홀로 남게 될 확률이 높다. 이때 싱글로 살게 될 가능성이 높은지 낮은지 자체는 그다지 중요하지 않다. 그보다는 배우자와 사별한 뒤 가족으로부터 경제적 지원과 정서적 돌봄을 제공받을 수 있는지 여부가 더욱 중요하다.

이 상황에서도 관건은 경제력이다. 경제적으로 풍요로운 고령 싱글은 자녀들과 동거하거나 2가구 2주택을 짓는 등 다양한 수단을 활용해서, 자녀들로부터 돌봄을 지원받거나 실질적 도움을 주고받을 수 있는 거리에 집을 마련할 수 있다. 또한 각박하게 들릴 수도 있지만 상속할 재산이 있고, 여러 명의 자녀가 있다면 자녀들도 부모를 함부로 대할 수 없을 것이다. 그러나 경제력이 없는 고령 싱글은 설령 자녀가 있더라도 자녀 곁으로 가지 못한 채 고립되는 경우가 생겨나고 있다. 지금의 현실에서는 이런 상황이 더욱 빈번하다 해도 과언이 아닐 것이다.

예전에는 '가난해도 모두 기대어 살면 편안하게 살아갈 수 있다'는 인식이 있었고, 실제로 생활 속에서 그런 생각을 실천하며 살았다. 하지만 지금은 정반대 상황이 출현했다. 싱글로 살아도 문제없을 만큼 경제적으로 풍요로운 사람 주위에는 배우자나 자녀가 모여들어 경제적으로나 심리적으로 가족의 매듭이 강해지고 있다. 반면 경제적으로 빈곤한 사람은 이혼 가능성도 높은 데다 자녀들도 부모 곁을 쉽게 떠나가고, 점점 개별적 존재로 남게 된다. 그 결과 가족의 포용과 지원을 받지 못한 채 더욱 어려운 상황에 몰리게 된다.

지금은 가족과 경제가 연동하여 가족 간 경제 격차를 더욱 확대해 가는 시대라고 할 수 있다. 1990년대까지는 가족 격차를 완화시키기 위한 세금제도, 사회복지 및 사회보장제도 등이 제 기능을 차질 없이 수행함에 따라 가족 간 경제 격차는 심각한 사회 문제로 부상하지 않았다. 그러나 지금은 모두가 결혼해서 가족을 만들고 가족을 단위로 재분배가 이루어지는 구조가 더 이상 작동하지 않는 상황이 출현함으로써, 경제 격차의 뒤를 이어 가족 격차가 시작되었다.

가족이 사회복지 및 사회보장의 단위가 되는 한, 부유한 가족은 점점 풍요로운 생활을 영위하게 되나 빈곤한 가족은 점점 더 가난하게 되고 가족 및 사회로부터 받는 지원 또한 제한되어 고립화의 길을 걷게 될 것이다. 이러한 고립화 가능성은 여성보다 남성 쪽이 높기 때문에 저소득층 남성 입장에서는 경제적 의미는 물론, 가족적 의미에서도 적정한 삶의 질을 유지하기 어려운 시대가 되었다고 할 수 있다.

5장 _ '가족 난민'이 되지 않기 위해 개인이 할 수 있는 일

고립화를 피하기 위한 개인 차원의 노력

싱글화로 인한 문제를 해결하기 위한 대책은 개인적 차원과 사회적 차원으로 나누어 생각해 볼 수 있다.

사회적 차원에서 대책을 마련하는 것은 물론 중요하다. 하지만 사회정책이 입안되고 실행되기까지는 시간이 소요되며 내용상 한계가 있을 뿐만 아니라 자신이 복지 혜택의 수혜자가 된다는 보장도 없다. 또한 사회정책이 실제 효과를 거두기까지는 일정한 시간이 걸린다. 사회가 구성원을 위해 책임져야 할 대책과는 별도로 개인 스스로 가족 난민의 위험에 빠지지 않도록 만반의 준비를 해야 한다. 개인적 차원에서 대책을 마련한다 함은 가까운 미래, 자신과 주변 사람들이 고립화되지 않도록 스스로를 지킬 수 있는 방법을 찾는 것을 의미한다.

개인의 자구책으로는 두 가지 방향이 있다. 하나의 방향은 '자신을 필요로 하고 또 소중히 대해 주는 상대'인 배우자나 연인을 찾아 경제적·심리적으로 포용하고 호혜적 지원을 주고받는 관계를 만들어 가는 것이다. 이 방향을 대표하는 대책으로는 '곤카쓰'를 들 수 있다. 단 곤카쓰에 참여한다고 해서 누구나 결혼할 수 있다는 의미는 아니다. 결혼에 성공한 후에도 이혼이나 사별로 인해 싱글 지위로 되돌아갈 가능성이 있다. 그렇게 될 경우 홀로 고립되지 않은 상태에서 안정된 생활을 지속할 수 있도록 준비하는 것, 이것이 두 번째 방향이다.

두 번째 방향의 긍정적 측면을 설득력 있게 제안하고 있는 것이 우에노 지즈코의 『싱글, 행복하면 그만이다』이다. 우에노는 생애주기의 끝에서 싱글로 남는 것을 피할 수 없다면 차라리 싱글을 마음껏 즐기라 주장하고 있다. 더불어 남편과 사별한 뒤 '고게라쿠'後家樂* 를 즐기는 것이 일본 여성의 '가치를 높이는 것'이라 역설하고 있다. 이를 위해서는 자녀들과 동거하는 것을 거부해도 좋다고 할 만큼, 우에노는 단호하게 주장하고 있다.

그러나 가족으로부터 자유롭게 되면 그만큼 고립화의 위험 또한 높아진다. 바로 이 점을 고려해서 우에노는 싱글로서 노후를 즐

---

* 남편과 사별한 뒤 재혼하지 않고 홀로 지내는 여성을 '고게'(後家)라 한다. 라쿠(樂)는 한자로 '즐겁게'라는 뜻으로 사별한 뒤 즐겁게 보낸다는 것을 의미한다.

기기 위해서는 나름대로의 기술과 탄탄한 기반infrastructure이 필요하다고 조언하고 있다. 보다 구체적으로는 경제적 기반을 공고히 갖추고 있고, 가족 이외에 가족에 버금갈 만한 친구들이 가까이 있다면, 노후를 적극 즐길 수 있다는 것이 우에노의 주장이다.

결혼을 해야 할까? 아니면 혼자 살 준비를 해야 할까? 어느 방향으로 가야 할지 깊이 생각해야겠지만, 두 가지 가능성을 모두 염두에 두고 만반의 준비를 해두는 것이 필요하리라 생각된다. 배우자나 연인을 찾는 것은 '자신을 필요로 하고 소중히 대해 주는 관계'를 만들 수 있는 가장 현실적 선택지이기에 이를 굳이 버릴 이유는 없다. 나아가 자녀를 낳아 양육함으로써 미래의 고립 가능성을 미연에 방지하려는 시도 또한 비난받을 일은 아님이 분명하다.

그러나 우에노가 지적했던 것처럼 배우자를 찾았지만 이혼하는 경우도 있고, 혼인 관계가 계속되더라도 배우자가 먼저 사망할 수도 있다. 노후에는 자녀에게 의지하리라 기대했지만 자녀가 거부할 수도 있다. 가족에 대한 의존도가 지나치게 높으면 오히려 위험을 증가시키게 마련이다. 이러한 위험성을 감안한다면 '파트너를 찾았으니 그걸로 안심이야'라든가 '자녀가 있으니 괜찮아'라고 단정 짓기는 어려울 것 같다.

결혼하고 가족을 꾸리는 것을 가능한 선택지로 염두에 두되, '가족 난민'이 될지도 모르는 상황에 대비해 수입원을 다변화하고 자산을 축적하는 등 경제 기반을 강화하는 동시에, 인간관계의 폭을

넓혀 두는 등 사전 준비 작업을 다지는 것이 필요하다.

이 장에서는 개인이 대비할 수 있는 싱글화 대책을 구체적으로 소개하고자 한다. 이를 위해 '곤카쓰'에서부터 출발하기로 한다.

'곤카쓰'를 통해 탈싱글 확률 높이기

'가족을 만들기로 하자'는 방향을 설정할 경우 가장 먼저 떠오르는 대책은 필자와 시라카와 도코白川桃子 교수가 2008년 간행한 저서 『곤카쓰시대』에서 주목했던 '곤카쓰婚活이다. 곤카쓰의 구체적 내용에 대해서는 2010년 발행한 『곤카쓰 현상의 사회학』, 2013년 간행한 『곤카쓰 증후군』을 통해 자세히 소개하고 있으므로, 해당 서적을 참고하길 권유한다. 이 자리에서는 두 가지 점만 강조하고 싶다.

두 권의 저서를 통해 특별히 강조한 점은 기존의 관행이나 통념과 달리 이제는 입 다물고 조용히 있어도 '인연이 있으면 언젠가는 파트너를 자연스럽게 만날 수 있는' 시대는 지나갔다는 것이다. 전쟁이 끝난 후 얼마 전까지만 해도 자신이 적극적으로 배우자를 물색하지 않더라도 결혼 적령기가 가까워 오면 주위의 지인들이 맞선 자리를 주선해 주곤 했다. 그러나 연애 결혼이 주류를 이루게 되면서 중매를 위한 맞선 자리는 거의 찾아볼 수 없게 되었다. 그런가 하면 회사가 남녀 간 만남의 장소를 제공해 주던 적도 있었지만, 비정규직 비율이 증가함에 따라 현재는 사내 연애도 감소 추세에 있다. 이러한 환경에서 파트너를 찾으려면 당사자가 주체적으로 움직여야

함은 기본이요, 파트너를 만날 수 있는 확률 자체를 조금이라도 높이기 위한 노력이 필요하다.

더불어 기존의 '남자는 일, 여자는 가사'라는 전통적 성역할 분업에 얽매이는 한, 젊은 세대는 파트너 찾기가 더욱 어려워졌음을 기억해야 한다. '아내가 집에 있어 주면 좋겠다', '나는 전업주부가 되고 싶다' 등을 선호하는 배우자 조건으로 내세울 경우, 이런 조건을 갖춘 파트너 풀은 현저하게 줄어든다. 이는 4장에서 이미 살펴본 바 있다. 이제는 파트너를 얻고 싶은 마음이 간절하다면, 맞벌이 부부로 함께 가계를 꾸려 가는 것이 부부 본연의 자세로 간주되는 시대가 도래했음을 기억할 일이다.

확산되고 있는 중년의 재혼 기회

곤카쓰는 주로 젊은 미혼 싱글이 독점하고 있는 활동이란 이미지를 떠올리는 사람이 많을 것 같다. 그러나 이러한 고정 관념에 얽매이는 것은 바람직하지 않다고 생각한다. 중년의 미혼 싱글이나 이혼 및 사별로 인한 싱글 모두 주저하지 말고 적극 곤카쓰에 참여할 것을 권유한다.

서양에서는 중년에 재혼하는 커플이 드문 현상은 아니다. 중년 싱글뿐만 아니라 배우자를 잃은 고령 싱글 사이에서도 재혼하는 커플을 심심치 않게 볼 수 있다. 재혼 커플로 가장 유명한 사례로는 영국의 찰스 왕세자와 카밀라 여사가 떠오른다. 두 사람은 모두 이혼 후 싱글이 되어 재혼에 이른 커플이다. 물론 두 사람은 계속해서 사실혼 관계를 유지하고 있었지만, 정식으로 재혼 절차를 밟은 것은 찰스 왕세자가 56세, 카밀라 여사가 57세 되던 해였다. 영국에서는 왕족이라 해도 재혼이 크게 문제시되는 분위기는 아닌 것 같다.

한편 일본은 어떠한가. 앞서도 언급했듯이 일본에서는 재혼 커플 숫자가 증가하고 있긴 하지만, 재혼 확률은 반대로 하락세를 보이고 있다. 이혼 커플 중에는 저소득층 남성이 다수를 점하고 있어 이들과 재혼한다 해도 별로 경제적 사정이 나아질 전망이 없기에 여성 쪽에서 재혼을 원치 않기 때문이다. 덧붙여 중년 재혼의 경우는 자녀가 부모의 재혼을 거부하는 사례도 빈번하다. 이때 부모의 재혼을 용납할 수 없다는 단순한 심리가 작동하기도 하고, 부모가 재혼하면 자신의 유산 상속분이 줄어들지도 모른다는 경제적 요인을 고려한 결과 부모의 재혼을 반대하게 된다. 반면 서양에서는 부모의 경제와 자녀의 경제가 분리되어 있다는 생각이 지배적이기 때문에, 부모 입장에서 자녀를 의식해 불편한 마음을 가질 필요 없이 새로운 파트너와 동거를 시작하거나 재혼을 선택한다. 자녀 입장에서도 부모가 어떠한 선택을 하든 당연한 것으로 받아들인다.

이렇게 보면 일본에서는 중년 재혼에 이르기도 전에 중년 연애부터 부끄러운 일이라는 인식이 여전히 뿌리 깊게 남아 있는 것 같다. 일본에서 황혼 재혼이 자연스럽게 이루어지려면 중년 연애에 관한 편견이나 고정관념으로부터 자유로울 필요가 있다.

이미 중년 연애를 둘러싼 편견이 약화되기 시작했음은 일면 기쁜 일이다. 얼마 전 NPO법인 지역결혼지원센터가 주최한 전국 대회에서 '싱글맘의 곤카쓰'가 활성화되고 있다는 보고를 들은 바 있다. 어느 지자체에서 싱글맘과 결혼하고 싶은 남자를 대상으로 맞선 파티를 개최한 결과 상당수 남성들이 모였다는 것이다. 싱글맘을 결혼 상대로 고려하는 남성 숫자가 적지 않았다는 소식을 접하고 다소 의아하게 생각하는 사람들이 있을지도 모르겠다. 그러나 나이가 비교적 많아서 앞으로 출산을 기대할 수 없는 남성이나 이미 이혼 경험이 있는 남성이라면, 싱글맘이 좋은 파트너가 될 수 있다는 데 이의를 제기할 이는 많지 않을 것이다. 이처럼 중년을 위한 곤카쓰 파티가 전국에서 활발하게 개최되는 동시에 중년 결혼에 대한 편견이 사라진다면, 일본에서도 중년 재혼율이 증가하고 싱글화 현상 또한 정지되는 미래가 가능하리라 생각한다.

싱글의 고립화 방지를 위한 공동생활

결혼하기 위해 열심히 노력했다 해도 결국 평생 결혼하지 않는 사람도 있고, 이혼이나 사별로 인해 싱글로 돌아오는 사람도 있다. 이러한 점을 감안한다면 결혼 성공에만 모든 것을 거는 것은 일면 위험할 수도 있다. 따라서 자신을 필요로 하고 소중히 대해 주는 배우자를 물색하는 것과는 별도로, 평생 안심하고 생활할 수 있는 환경을 조성해야 한다.

이를 위해 개인이 실천할 수 있는 방안으로 셰어하우스 및 커뮤니티하우스, 그룹홈 등의 입주 방안을 소개하고자 한다. 물론 타인과의 공동생활이 어색하고 거북한 사람들도 있을 것이다. 하지만 셰어하우스 및 커뮤니티 하우스에는 독방이 마련되어 있어 개인 공간을 확보할 수 있다. 셰어하우스 및 커뮤니티하우스에 거주한다고 해서 함께 공동생활을 하는 사람들과 지속적 관계가 보장되는 것 또한 아니다. 오히려 셰어하우스 및 커뮤니티하우스 거주자들 사이의 관계는 유동적이고 일시적인 경우가 대부분이다. 그래도 나 홀로 사는 것보다는 가족이 없기 때문에 오는 고립 상황을 어느 정도는 완화할 수 있을 것이다. 이 점은 이 책의 마지막 부분에서 셰어하우스 연구의 권위자인 구보타 히로유키久保田裕之와 대담하는 자리에서 자세히 논의하기로 한다.

① 셰어하우스

셰어하우스는 거주자들이 함께 사용하는 공동 공간과 개인별로 점유하는 사적 공간으로 구성된다. 공동 공간에서는 함께 거주하는 셰어메이트와 친분을 쌓을 수 있고, 개인 공간에서는 자신만의 프라이버시를 만끽할 수 있다. 미국과 유럽에서는 생활비를 절약하기 위해 학생 시절부터 셰어하우스에서 생활하는 사람들이 드물지 않게 발견된다. 사회적으로도 셰어하우스는 젊은 사람들의 라이프 스타일이란 인식이 공유되고 있다. 일본에서는 예전 하숙이라는 형태의 공동생활 모델이 존재했었다. 하숙은 형식상 셰어하우스에 가깝지만 사생활 보장에 대한 의식이 높아지면서 지금은 거의 사라졌다.

최근 들어 일본에서도 서양식 셰어하우스가 보급되기 시작했다. 서양식 셰어하우스는 예전의 하숙집과 달리 개인의 사생활을 위해 상당한 수준의 배려를 담보한 주거 스타일이다. 이 점이 오늘날 젊은 세대가 선호하는 라이프 스타일 및 가치관과 일맥상통한다 하겠다. 현재 셰어하우스 이용자 중에는 이혼한 여성 싱글이 많은 것으로 알려지고 있다. 가정 내 폭력으로부터 탈출하기 위해 임시 피난처로 셰어하우스를 이용하기도 한다. 이러한 추세는 서양에서는 거의 찾아보기 어렵다.

일본에서도 셰어하우스가 점차 확산되고 있지만 셰어하우스와 관련해서 전혀 문제가 없는 것은 아니다. 서양에서는 개개인이 직접 셰어메이트를 찾아서 셰어하우스에 함께 거주하는 경우가 가장 흔하다. 대학의 게시판 등을 통해 셰어메이트를 모집한 다음, 서로 면접을 진행하고 '이 사람이라면 괜찮겠다'는 확신이 생긴 뒤에 셰어메이트로서 공동생활을 시작하는 것이 일반적 관행이다. 반면 일본에서는 개개인이 주거와 관련된 모든 사안을 일일이 점검하면서 셰어하우스를 운영하기는 불가능한 만큼, 현실에서는 전문업체의 주관으로 거주 대상자를 모집하는 사례가 가장 많다. 이에 따라 한 번도 만나본 적 없는 데다, 전혀 모르는 사람들끼리 셰어하우스에서 갑자기 공동생활을 시작하게 됨으로써 다양한 문제가 일상적으로 발생할 가능성을 안고 있다.

더욱 문제가 되는 것은 일본의 셰어하우스 가운데는 일명 '탈법하우스'脫法ハウス가 적지 않다는 사실이다. 탈법하우스란 주상복합건물이나 아파트를 개조해 작은 주거 공간을 만든 다음 입주자에게 대여하는 셰어하우스를 지칭한다. 임대료가 저렴한 대신 공간이 비좁거나 창문이 없는 방 등 열악한 주거 환경에, 안전 면에서도 위험성이 높다는 지적이 나오고 있다. 탈법하우스의 확산을 방지하기 위한 대책으로 2013년 9월 국토성 주관하에 사업자가 운영하는 셰어하우스는 건축 기준법상 기숙사에 해당한다는 사항을 공표했다. 셰어하우스 업계의 조사에 따르면 국토성이 제시한 기준에 비추어 볼 때 약 2500채 셰어하우스 중 80퍼센트에 해당하는 2000여 동의 셰어하우스가 법규 위반 대상이 될 가능성이 높은 것으로 밝혀졌다.

확실히 탈법하우스는 문제의 소지를 안고 있다. 그러나 국토성 기준을 적용하여 일률적으로 규제를 가할 경우 셰어하우스에 대한 사회적 이미지가 악화됨으로써, 싱글화 시대의 대안으로 등장한 새로운 공동생활 양식으로서의 셰어하우스 보급을 저해할지도 모른다는 우려가 제기되고 있다. 셰어하우스가 건전한 형태로 거듭나 전국적으로 확산될 것인지, 현재와 같은 과도기에는 정확한 판단을 유보하기로 한다.

② 커뮤니티하우스

커뮤니티하우스는 셰어하우스가 큰 규모로 확장된 형태라 할 수 있다. 커뮤니티하우스의 규모는 매우 다양해서 단독주택에서 공동으로 생활하는 셰어하우스에 가까운 형태도 있고, 아파트 한 동에서 100여 명이 함께 공동으로 생활하는 형태도 있다. 거주 면적은 다양하지만 식당 및 취사장을 공동으로 사용하고 개인 소유의 방을 별도로 갖춘 형태가 공통적으로 발견된다. 일본의 커뮤니티하우스는 사원 기숙사 같은 스타일을 상상하면 이해가 쉬울 것이다. 커뮤니티하우스도 셰어하우스와 마찬가지로 그곳에 뿌리를 내려 함께 거주하는 사람들과 유사가족 관계를 만들기보다는, 싱글로 남게 되었을 때 고립되지 않을 목적으로 선택하는 이용자가 대다수이다. 이에 따라 결혼을 계기로 커뮤니티하우스를 나가기도 하고, 전근을 이유로 다른 커뮤니티하우스로 이동하기도 한다.

일본에서 일반적으로 관찰되는 커뮤니티하우스 형태는 아니지만, 단독주택을 커뮤니티하우스로 제공하기 위해 부동산 소유자를 대상으로 개별 단체가 일련의 사업을 제안하는 경우도 있다. 집주인 입장에서 생각해 보면 표준가족에게 임대하는 것이 두루 편하기 때문에, 커뮤니티하우스 운영자에게 자신의 집을 빌려 주기를 꺼리는 경우가 많다. 이에 집주인을 설득해서 단독주택을 커뮤니티하우스로 활성화하고자 시도하기도 한다. 이들 단체가 운영하는 커뮤니티하우스는 입주 조건으로 특별한 제한을 두지는 않는다. 젊은 싱글이나 고령 싱글도 입주 가능하고, 부부가족도 입주 가능하며, 모자가족도 환영한다. 이런 형식의 커뮤니티하우스에 대해서는 거주 희망자들로부터 문의가 빗발치지만 앞서 언급한 대로 확보한 건물 수가 적기 때문에 이제 막 걸음마 단계를 시작한 것으로 받아들이면 무리가 없을 것 같다.

③ 그룹 홈

그룹 홈의 이미지로는 간호나 간병이 수반되는 집단 거주시설로서 양로원을 떠올리는 사람이 대다수일 것이다. 하지만 양로원은 입주 대상자의 일거수일투족을 세밀하게 관리하는 반면, 그룹 홈은 상대적으로 관리가 느슨해서 그룹 홈 입주자는 보다 자유롭게 행동할 수 있고 자발적으로 결정할 수 있다.

일본의 고령자 간호는 가족에 의한 재택 간호가 중심이다. 가족으로부터 재택 간호를 받을 수 없는 경우는 요양시설로 들어가는 것 말고는 다른 선택지가 없다. 결국 일본에서 간호나 간병이 필요한 고령자가 선택할 수 있는 방안은 재택 간호 아니면 전문적인 고령자 관리시설 둘 중 하나만을 고를 수밖에 없다. 둘 중 하나만 선택해야 하는 극단적 상황 대신, 양자의 중간 유형이라 할 그룹 홈은 일본에서는 아직 대중화 단계에 이르지 못했다. 이 점이 미국 및 유럽과 일본 사이에 발견되는 큰 차이이다.

일본에서 그룹 홈이 대중화되지 못한 사회적 배경으로는 "건강하다면 혼자 사세요. 건강을 잃으면 가족에게 돌봐 달라고 하세요"로 요약되는 정부의 고령자 정책을 들 수 있다. 간호보험을 예로 든다면 이 또한 정부의 정책 취지를 기반으로 설계된 제도로, 보험제도 도입 이후 고령자 자택 내 간호 및 지역사회 간호 형태가 빠르게 확산되는 결과를 가져왔다. 2013년 후생노동성의 발표 이후 2015년 4월부터 운영이 시작된 '원칙상 요양 간호 3등급要介護3*을 필요로 하지 않는 사람은 특별요양원에 입주할 수 없다'는 방침은 재택 간호의 비중을 높이기 위함이었다.

재택 간호는 가족으로부터 직접 돌봄을 받는 것인 만큼 고령자 입장에서는 행복한 선택이 될 것이라는 의견도 있다. 그러나 재택 간호에 치중함으로써 그룹 홈 정비가 지연된다면, 아예 가족이 없는 싱글이나 가족이 있어도 돌봄 혜택을 받지 못하는 싱글은 거주할 장소를 구하지 못해 고립화되기 십상인 상황에 직면하게 될 것이다. 이에 따라 고령자 간호의 책임과 의무를 짊어진 가족의 부담은 더욱

---

* 요양 간호도는 1부터 5까지 등급이 나누어져 있는데 이 중 가장 큰 경계선 역할을 하는 것이 요양 간호도 3이다. 이유는 특별 양호 노인홈과 깊은 관련이 있기 때문이다. 수많은 유형의 시설 간호 서비스 중에서도 사회복지법인 등에 의해 운영되는 특별 양호 노인홈은 저렴한 비용으로 극진한 간병을 받을 수 있어 인기가 높지만 누구나 입주할 수 있는 것은 아니다. 2015년부터 시행된 개정 간호 보험법에서는 원칙적으로 '요양 간호 3등급 이상'의 고령자가 아니면 입주할 수 없다고 못 박고 있다. '요양 간호 3등급'의 판단 기준은 '앉았다 일어나는 행위나 보행, 식사, 배설, 목욕 시 전면적인 간호가 필요'한 경우이다. 요양 간호 1등급과 2등급은 이러한 행동이나 행위에 대해 '부분적 간호가 필요한 상태'로 정의된다. '요양 간호 3등급'은 늘 누군가의 지원이 필요한 상태임을 알 수 있다.

더 가중되는 결과를 가져올 것이다. 물론 가족이 고령자 간호를 보다 쉽게 담당할 수 있도록 지원하는 것도 중요하다. 하지만 그에 못지않게 그룹 홈 등을 위시해서 다양한 시설 정비에 힘쓰지 않는다면 고립화된 고령자의 증가는 불을 보듯 확연하다.

일본에도 그룹 홈이나 고령자용 주택이 전혀 없는 것은 아니다. 다만 현재는 민간시설과 공공시설 사이에 큰 격차가 존재한다. 민간시설의 경우는 서비스 품질이 양호한 대신 일정한 수입이 없으면 입주가 불가하다는 단점이 있고, 공공시설의 경우는 급증하는 수요에 비해 공급량이 제한되어 있어 대기자 명단에 이름을 올려야 하는 단점이 있다. 덕분에 공공시설 입주 순서를 기다리는 동안 죽음을 맞이했다는 웃지 못할 이야기도 들려온다. 공공시설에 입주할 경우 민간시설과 비교했을 때 입주자의 자유가 어느 정도 제한된다는 점도 문제로 지목되고 있다. 이 경우에도 일본의 고령자는 민간시설이냐 공공시설이냐 둘 중 하나를 선택해야 하는 극단적 양자택일을 강요당하고 있다. 개인적으로는 양자택일보다는 선택의 폭이 다양한 상황을 원한다.

혹시나 하는 마음에 한 가지 부연 설명을 덧붙이자면, 공동생활은 고립화를 방지하기 위한 하나의 수단일 뿐, 혼자 산다고 해서 바로 고립화로 이어지는 것은 아니다. 경제적 안정이 중요한 전제 조건이긴 하지만, 평소 허심탄회한 대화를 나눌 수 있는 친구가 있다거나 만일의 위기 상황이 발생할 경우 세세한 것까지 도와줄 지인이 있다면, 혼자 산다 해도 사회적 연결망 안에 포섭되어 안정된 생활을 유지해 갈 수 있다. 우에노 지즈코가 『싱글, 행복하면 그만이다』를 통해 묘사했던 노후의 삶이 바로 이런 것 아닐까 싶다.

사회적 관계의 끈을 유지해야 함은 비단 고령 싱글에게만 한정된 이야기는 아니다. 젊은 싱글이나 중년 싱글도 파트너나 연인 관계만큼 강력하고 친밀한 관계는 아닐지라도 평소의 즐거움을 위해서나 만일의 경우에 대비해 의지할 대상을 만드는 것은 고립화를 미연에 방지할 수 있는 훌륭한 수단이다. 셰어하우스 등의 공동생활은 고립화를 피하고 사회적 관계망을 구축할 수 있는 유력한 대안이 될 것이다.

가상 가족이나 애완동물의 효용

싱글의 고립화 방지를 위한 대책 범주에 넣어도 좋은 것인지 판단하기가 쉽지는 않지만, 파트너가 없어 심리적으로 고립되어 있었다 해도 가상 세계에서 유사 파트너를 만난다거나 다중의 연결망에 포용됨으로써, 심리적 고립감에서 벗어날 수 있는 가능성도 생각해 볼 수 있다.

만화, 애니메이션 등의 하위문화subculture를 즐기는 남성들은 자신이 유독 좋아하는 이차원 캐릭터를 차용해서 '○○(캐릭터 이름)은 나의 신부'라고 표현하는 일이 빈번하다고 한다. 이들 남성이 실재와 가상의 세계를 혼동하고 있다는 뜻은 아니다. 이차원 캐릭터를 일종의 파트너(유사가족)로 간주함으로써 자신의 외로움을 효율적으로 달래고 있을 뿐이란 의미다. 남성중에는 아이돌을 유사 파트너로 삼는 사례도 있는데, 이는 남성이 독점하고 있는 특별한 방식은 아니다. 여성 또한 남성 아이돌의 팬이 되거나 한류 스타를 쫓아 한국 여행을 감행하는 경우도 있음은 익히 알려져 있다.

오늘날은 배우자나 자녀를 대신해서 애완동물과 함께 사는 사람도 증가하고 있다. 애완동물을 유사 파트너로 간주할 수 있을 것인지 여부는 논쟁의 여지가 있지만, 애완동물을 유사가족으로 받아들여 정성을 다해 애지중지 기르는 경우는 흔히 볼 수 있다. 필자는 애완동물을 가족으로 간주하는 사람들을 대상으로 설문조사를 실시했던 적이 있다. 그 결과 애완동물을 진짜 가족으로 생각하기보다는 가족 같은 관계 — 즉 자신을 위로해 주고 자신을 필요로 하는 관계 — 로 간주하고 그에 상응하는 친밀성을 만들어 가는 사례들을 다수 발견할 수 있었다. 미국에서는 가족 유무나 싱글 여부와 관계없이 애완동물을 기르는 사람들이 많은데, 이들은 '컴패니언 애니멀'(동반자로서의 애완동물)이라 불리곤 한다.

앞서 살펴본 가상의 파트너든 유사가족이든 가족을 이루는 행위에는 일정한 경향성이 발견된다. '자신을 필요로 하며 소중히 대해 주는 존재'인 가족은 '자신을 필요로 하는 존재'와 '자신을 소중히 대해 주는 존재' 두 가지 측면으로 구성된다. 여기서 '자신을 필요로 하는 존재'를 강력히 원할수록 애완동물을 기르거나 아이돌의 팬이 되는 등의 가상 가족을 선택하는 경향을 보인다. 상대를 돌보거나 응원하는 것으로 자신의 존재 의의를 찾고자 하는 이런 경향은 남성보다 여성에게서 보다 빈번하게 나타난다.

반대로 남성은 '자신을 소중히 대해 주는 존재'로서의 가상 가족을 필요로 하는 경향이 있다. 예를 들어 메이드 카페나 단란주점을 이용하는 것은 유사 파트너를 구하는 행위 중 하나지만, 이렇게 하는 것은 자신이 소중한 존재라는 기분을 맛보고 싶기 때문이다. 남성은 끼리끼리만 있을 때는 자신이 소중하게 여겨지고 있다는 기분을 느끼기 어렵다고 한다. 그래서 아내 아니면 클럽이나 단란주점의 여성을 앞에 놓고 자신의 이야기를 들어 달라고 푸념하는 행태를 보인다는 것이 정설이다. 물론 애완동물을 기르는 남성도 있고, 호스트 클럽에 다니는 여성도 있다. 따라서 성별에 따라 특정한 경향이 있다고 단정 지을 수는 없겠지만, 앞서 살펴본 일련의 경향이 나타나고 있음은 부인하기 어려울 것 같다.

가상 가족을 만들거나 파트너를 가진 양쪽 모두 자신을 필요로 하며 소중히 대해 준다는 느낌을 얻을 수 있을 것이다. 다만 이를 싱글화 대책으로 공식화해서 부를 수 있을 것인지 고민하는 이유는, 나와 상대의 관계가 비대칭적 특성을 지니고 있기 때문이다. 가상 가족이나 일시적 파트너는 금전이 개입하는 일방적 관계이다. 자신을 소중히 여기고 있다고 느끼는 순간에도 상대는 돈을 소중히 생각하고 있을 뿐, 돈이 끊어지면 관계 또한 대부분 단절되기 마련이다. 정당한 비용을 지불하지 않는 고객이라면 단란주점의 여종업원이 따듯하게 대할 리 없고, 팬으로서 아이돌을 응원하고 싶어도 돈이 없으면 팬사인회에서 음반을 구입할 수 없을 것이다. 유사가족을 만드는 것 자체를 부정할 생각은 없지만, 가상 관계는 일방적이거나 일시적이라는 사실을 유념하는 것이 좋으리라 판단된다.

6장 _ '가족 난민'을 방지하기 위해 사회가 할 수 있는 일

싱글화 대책의 두 가지 방향

5장에서는 개인적 차원에서 고려해 볼 수 있는 싱글화 대책에 대해 살펴보았다. 그러나 싱글화로 인한 문제를 해결하고자 할 때 개인 차원에서 시도해 볼 수 있는 방법에는 분명 한계가 있다. 싱글화를 명백한 사회 문제로 인식한다면 이를 해결하기 위해 개인적 차원의 책임을 강조하기 보다는, 사회 구조적 차원에서 대책을 마련하는 것이 필히 요구되리라 생각한다.

싱글화가 야기하는 문제를 해결하기 위한 사회적 대책 또한 개인적 전략과 마찬가지로 두 가지 방향에서 생각해 볼 수 있다. 하나의 방향은 짝짓기 과정의 장애물을 제거함으로써 현재보다 결혼의 성공 확률을 높이는 것이다. 궁극적으로 결혼과 출산을 선택하는 비율이 늘어나게 되면 싱글의 비중이 줄어들게 되고 자연스럽게 가족 난민의 발생 가능성도 축소될 것이다. 다른 또 하나의 방향은 파트너가 없더라도 혹은 일시적으로 파트너 없이 생활하게 되더라도, 고독한 상태에 빠지지 않고 다른 사람들처럼 평범한 생활을 계속해 갈 수 있는 삶의 구조를 만드는 것이다.

개인 차원의 대책을 모색한 앞 장에서도 언급했듯이 싱글화 문제를 해결하기 위해서는 두 방향이 필요하다. 이를 취업 지원 상황과 비교해 보면 보다 쉽게 이해할 수 있을 것이다. 취업 지원 방안으로는 무엇보다 청년층의 정규직 채용을 늘리는 정책이 필요하다. 다만 현실에서는 여전히 비정규직 비율이 증가하고 있다. 스스로 비정규직을 선택하는 사례도 있을 것이요, 정규직 사원으로 취업한다 해도 당장 그만둘 수밖에 없는 사정도 있을 것이다. 정규직 고용 제도를 위한 정책을 실시한다고 해서 정규직 고용의 혜택 범위 밖에 있는 다양한 사례들을 무시해도 된다는 의미가 아님은 자명하다. 따라서 정규직 고용을 늘리는 한편, 비정규직 종사자나 실업자도 고통받지 않고 살아 갈 수 있도록 지원해 주는 정책이 필요하다. 싱글의 고립화 문제에 접근하는 방식도 동일하다. 기존의 표준가족에 포함될 수 있도록 결혼 및 출산 장려 대책을 취하면서, 다른 한편으로는 표준가족의 틀 밖에 있는 사람들도 안심하고 생활할 수 있는 대책을 마련해 주어야 한다. 두 방향의 정책이 모두 요구된다는 말이다.

보수주의적 성향의 사람들은 전통가족의 재구축이 관건이라고 주장하고 있고, 반대로 자유주의적 성향의 사람들은 싱글로도 불편

없이 살아갈 수 있는 구조적 기반을 마련하는 것이 필수라고 역설하고 있다. 그러나 싱글화로 인해 고립되는 사람들 숫자를 줄이고 싶다면 양방향의 대책이 모두 필요하다. 어느 쪽이 보다 근본적 대책인지 논하는 것은 문제를 발전적으로 해결하는 데 아무런 도움이 되지 않는다는 점을 필히 강조하고 싶다. 어느 한편의 이데올로기를 내세운다 해도 가족 난민 상태에 빠진 이들에게는 별 도움이 되지 않는다. 현실에서는 전통가족의 굴레에서 벗어나고자 함으로써 고립과 빈곤에 빠지게 된 경우가 늘고 있지만, 동시에 전통가족을 원하고 유지하고자 하는 사람들도 분명 존재한다. 어느 한쪽으로 치우치지 않고 양쪽 입장을 모두 고려한 균형 잡힌 정책적 대응이 필요하다.

원래 가족은 다양한 형태 및 양식으로 존재해 왔다. 한쪽 편에 남편은 바깥일을 하고 아내는 집안일을 하면서 자녀를 키우며 평생 해로하는 전통적 표준가족 모델이 있다면, 다른 한쪽 편에는 오늘날 확산일로에 있는 싱글이 있고, 그 중간에는 다채로운 가족 양식이 존재하고 있다. 그럼에도 불구하고 일본에서는 표준가족 모델을 정상으로 인식하는 통념이 지나치게 강한 나머지, 표준가족에 속하는지 아닌지 여부를 중심으로 선을 긋는 관행이 뿌리 깊게 남아 있다. 표준가족을 오랜 기간 유지해 온 사람들은 사회보장제도의 혜택을 충분히 누릴 수 있었던 반면, 표준가족 범주 밖에 있거나 표준가족 유지에 실패한 사람들은 사회보장제도의 혜택에서 배제됨으로써 단숨에 고립 위험에 빠질 가능성이 높아지는 위기에 직면하고 있다. 그렇다면 어떤 가족 모델을 상정해야 하는지, 더불어 어떤 사회제도 및 사회구조를 정비해 나가는 것이 바람직할 것인지 구체적으로 논의해 보기로 하자.

곤카쓰婚活 지원 확대를 둘러싼 패러다임 전환

'자신을 필요로 하며 소중히 대해 주는 사람', 곧 배우자를 찾는 것이야말로 싱글화의 폐해를 방지하기 위한 최선의 방책임은 물론이다. 개인 입장에서 실천할 수 있는 구체적 방안으로 '곤카쓰'를 살펴본 바 있다. 여기서 결혼은 사생활 영역이니 '각자 알아서 하세요'라고 방임하기 보다는, 사회적 차원에서 개인들이 곤카쓰 기회를 더욱 확대할 수 있도록 적극 지원해 나갈 필요가 있으리라 생각한다. 단, 민간이 주도하는 곤카쓰는 수입 수준이 높은 남성만을 상대로 하는 만큼 저소득층 남성은 쉽게 배제되기 마련이다. 실제로 저소득층 남성은 결혼정보회사가 제공하는 만남 서비스에 등록할 수 없거니와, 가입 후에도 마음에 드는 상대를 소개받기 어렵다는 이야기도 들린다. 민간이 주도하는 곤카쓰 장소에서 단골로 소외되는 층을 대상으로 곤카쓰 기회의 효율성을 제고하기 위해서는 공적 차원의 지원을 검토해 볼 필요가 있다.

　곤카쓰를 적극 지원하고자 활발히 움직이고 있는 곳으로는 지방자치단체가 있다. 실제로 지방에서는 시정촌市町村(한국의 시·읍·

면과 비슷한 행정구역을 의미한다—옮긴이) 주최하에 남녀 간 교제의 활성화를 목적으로 하는 사업이 활발하게 이루어지고 있다. 일례로 현지에서 맞선 파티를 주관하거나, 시·읍·면과 제휴하여 미혼 남녀의 교류회를 개최하고 있는 지방자치단체는 그 숫자가 적지 않은 것으로 알고 있다. 이들 지방자치단체뿐만 아니라 결혼할 의지가 있는 미혼자의 지원을 주목적으로 하는 비영리단체Nonprofit Organization도 있다. 필자는 사단법인 NPO인 '전국지역 결혼지원센터'의 이사로서 곤카쓰를 다각도로 지원해 왔다. 이러한 내용은『곤카쓰 증후군』에서 상세히 소개하고 있는 바, 이를 참고하기 바란다.

한편 최근 트렌드는 기존의 가족 규범에 구애받지 않고 곤카쓰 지원을 시도하기도 한다. 실제 데릴사위 지원을 기치로 내세우고 있는 지방자치단체도 있다고 한다. 데릴사위는 떳떳하지 못하다는 인상이 여전히 남아 있긴 하지만, 최근에는 데릴사위를 희망하는 남성의 비율이 조금씩 높아지고 있다는 의견도 있다. 대학을 졸업한 뒤 도쿄의 지방공무원으로 근무하던 남성이 도시를 떠나 전원생활을 즐기고 싶어 지방에서 개최된 곤카쓰 파티에 참석했는데 그곳에서 첫눈에 반한 파트너를 만나 결혼에 성공했다는 실화가 있다. 그는 처가의 데릴사위로 들어가 현재는 전업주부 역할을 담당하면서 일자리를 찾고 있다는 근황이 소개되기도 했다.

이 실화의 주인공은 이미 '남성은 직장, 여성은 집안일'이라는 전통적 성역할 고정관념으로부터 자유로운 의식을 갖고 있었다. 이 사례에서 보듯 전통적 가족 규범에 구애받지 않는 사람들이 증가하고 있는 상황을 고려하여 곤카쓰 지원 양식이 다양해지고 있음은 반가운 일이다. 앞 장에서 소개한 싱글맘 대상의 곤카쓰도 그 가운데 하나라 할 수 있다. 기존의 틀에 얽매이지 않는 곤카쓰 지원이 향후 다양한 형태로 확산될 것을 적극 기대하고 있다.

다양한 유형의 커플 탄생에 우호적인 환경 조성

사회보장제도의 새로운 전제가 될 다양한 가족 모델의 하나로 서구에서 흔히 관찰되고 있는 '동거'와 '사실혼'의 실태를 살펴보기로 한다. 일본에서는 결혼 전까지 부모와 동거하는 비율이 80퍼센트에 이를 만큼 공고한 관행으로 자리 잡고 있다. 이에 결혼식(혹은 혼인신고) 이후 배우자와 동거를 시작하는 것이 일반적이다. 반면 유럽과 미국에서는 결혼 여부와 관계없이 공동생활을 선택하는 커플에 대한 편견이 거의 없기 때문에, 연인 간에는 교제의 연장선에서 자연스럽게 동거를 시작하는 경우가 대부분이다. 일본과 유럽 및 미국의 차이는 러브호텔 문화에도 전형적으로 감지된다. 일본에서는 번화가나 고속도로 인터체인지 부근에 러브호텔이 늘어서 있다. 일본 곳곳에서 러브호텔을 볼 수 있는 이유는 젊은 싱글 중 부모와 동거하는 비율이 높아 자신의 집에서 성관계를 즐길 수 없기 때문이다. 반면 유럽과 미국에는 러브호텔에 해당하는 곳이 없다. 심지어 러브호텔을 법적으로 금지하고 있는 국가도 있다. 커플 대부분은 동거를 하거나 부모로부터 독립한 싱글로 살고 있기 때문에 굳이 외박할 필요 없이 자신의 집에서 성관계를 즐길 수 있다. 특별한 사정이 있어 집 밖에서 성관계를 즐기려 할 때도 일본의 비즈니스호텔에 해당하는 모텔을 이용하면 되지, 일본의 러브호텔처럼 성관계를 위한 전용 장소는 존재하지 않는다. 러브호텔 현황을 통해서도 일본과 서구의 동거 방식 및 비율에 큰 차이가 있음을 확인할 수 있다.

물론 일본에도 수는 적지만 동거 커플이 존재한다. 미혼자 동거율은 2011년 기준 약 2퍼센트로 매우 미미한 수준이며, 최근에는 그 마저도 감소 추세에 있는 것으로 나타나고 있다(국립사회보장·인구문제연구소, 「제14회 출생동향기본조사」, 2011). 단 일본의 동거 커플은 결혼을 전제로 동거 중임을 기억할 필요가 있다. 그에 반해 서구의 동거 커플은 '서로에 대해 평생 사랑할 것을 맹세하며 결혼제도 속으로 들어갈 만큼 친밀한 관계는 아니지만, 혼자 사는 것보다는 마음 맞는 사람끼리 함께 생활하는 것이 즐거울 것'이라는 기대로 동거를 시작하는 것이 일반적이다. 즉 결혼을 전제로 하는 일본과 달리 결혼 가능성과 무관하게 동거를 한다는 의미이다.

나아가 유럽에는 동거와 결혼의 중간 정도에 해당하는 제도를 활용해서 함께 사는 커플의 비중도 적지 않다. 프랑스의 '시민연대계약'PACS*과 스웨덴의 '삼보'Sambo**는 이의 대표적 실례라 할 수 있

---

* 프랑스는 2000년대 들어 결혼을 전제로 한 가족을 둘러싼 고정관념이 깨진 이후 출산율이

다. 이들 제도를 이용하는 커플은 결혼한 커플과 동일한 수준에서 법적 보호를 받을 수 있다. 동거 커플도 사회보장의 혜택을 누릴 수 있고 자녀들에게 상속할 수 있는 권리도 부여받는다.

그렇다면 동거와 결혼은 법적으로 무엇이 다를까? 생각해 보면 관계를 정리할 때 어렵고 복잡한지 아닌지 여부가 가장 먼저 떠오른다. 결혼할 경우 국가로부터 다양한 지원을 받을 수 있다는 장점이 있지만, 이혼하게 될 경우 절차의 복잡성으로 인해 상대가 동의하지 않는 상황에서는 변호사를 고용해 재판에서 해결해야 한다는 단점이 있다. 그러나 '시민연대계약'이나 '삼보'와 같은 일종의 준準결혼제도를 이용하게 되면, 국가로부터 결혼한 커플과 거의 동일한 수준의 혜택을 받을 수 있는 장점이 있다. 동시에 결혼에 비해 간단한 절차만으로 관계를 정리할 수 있어 어느 한쪽이 이별을 원할 경우는 상대방의 합의 없이도 계약을 파기할 수 있는 장점이 있다. 이에 따라 시험 삼아 준결혼제도를 이용하는 커플이 유럽을 중심으로 늘고 있다고 한다. 준결혼제도를 이용하는 커플 중에는 국가가 인정하는

급증했다. 2017년 프랑스에서 혼인신고를 한 커플은 22만 8000명으로 나타났는데, 2016년 한 해 동안만 시민연대계약(PACS)을 통해 결합한 커플 수가 19만 2000명에 이른다. 1999년 도입된 PACS는 결혼제도에 얽매이지 않고도 출산 및 육아 시 결혼한 부부와 동일하게 정부 지원을 받을 수 있는 사회계약 형태의 결혼제도이다.

** 1인 가구 비율 상위 5개국에 이름을 올린 스웨덴은 기본적으로 혼자 사는 사람을 위한 시설이 잘 갖춰져 있는 데다, 오래 전부터 사실혼 혹은 동거 형태의 삼보(Sambo) 제도가 합법화되면서 1인 가구 비율이 40퍼센트를 넘어섰다.

결혼제도에 이르는 경우도 있고, 계속해서 준결혼 상태를 지속하는 경우도 있다. 물론 일반 연인들처럼 헤어지는 경우도 적지 않다고 한다. 어쨌든 준결혼제도는 법률이 최종적으로 인정하는 결혼 양식은 아니라 할지라도, 통념상 남녀 두 명이 함께 살기로 결정한 만큼 자녀의 출산 확률을 높이는 효과가 있다. 프랑스 출산율이 크게 개선된 배경으로 시민연대계약 시행이 주요인의 하나로 작용했음은 익히 알려진 사실이다. 시민연대계약은 이성 커플뿐만 아니라 동성 커플에게도 적용된다. 이에 따라 동성커플의 고립화를 미연에 방지하는 역할을 하는 것으로 알려져 있다. 최근에는 시민연대계약을 위시하여 국가별로 동성 간 결혼을 인정하는 제도가 다양하게 생겨나고 있다. 이 점에서도 서구 사회는 일본과 비교해 볼 때 두 걸음 이상 앞서가고 있는 것 같다.

일본에서 한 걸음에 서구와 유사한 수준까지 제도 변경을 시도하는 것이 현실적으로 어렵다면, 우선 '선택적 부부 별성 제도'를 도입하는 것부터 시작하는 것이 어떨지 제안하고 싶다. 원래 일본 전통사회에서는 부부 별성夫婦別姓제였으나, 메이지시대 후반에 이르러 부부 동성夫婦同姓이 정착되었다. 절대 숫자가 현저하게 많을 것으로 생각되지는 않지만, 일본에서는 혼인신고를 할 때 반드시 부부 동성으로 등록해야 하기에 결혼을 주저하는 커플도 있을 것이다. 지금은 결혼 후에도 결혼 전의 성姓을 유지하면서 사회활동을 계속하는 여성들이 증가하고 있다. 덕분에 부부 동성 등록제에 따른 폐해가 눈에 띄게 드러나지는 않는다. 하지만 최근 들어 아내 쪽 부모가 자신의 딸이 남편 성을 따르는 것에 반대하는 사례가 증가하고 있다. 아들 없이 딸 하나만 둔 가족의 경우 딸이 개명하게 되면 자신의 가문 이름이 사라지기 때문이다. 동시에 사후 자신들의 무덤을 지켜 줄 자손 또한 사라질 것이라는 우려도 한몫하고 있다.

전통사회에서는 다산多産의 풍습이 있었기에 아들이 없는 부부가 상대적으로 드물었고, 혹 아들이 없을 경우는 동일 가문의 차남을 데릴사위로 삼는 관행이 있었다. 그러나 지금은 저출산으로 인해 가문이나 집안의 단절 위험이 높아지고 있다. 그 결과 아들뿐만 아니라 딸도 집안의 이름을 지킬 수 있도록 하자는 취지에서 선택적 부부 별성 제도를 원하는 부모들이 등장하고 있는 것이다. 물론 여성 인권을 중시하는 관점에서 부부 동성 등록제를 반대하는 사람들도 있다. 어떠한 관점을 취하든 부부 동성 이외에 다른 선택권이 없는 제도는 결혼의 걸림돌로 작용할 가능성이 높다. 부부 별성을 인정한다고 해서 갑자기 결혼율이 증가하리라 전망하는 것은 아니다. 하지만 부부 별성을 인정할 경우 특별히 예상되는 폐해나 불편은 없기에 선택적 부부 별성 제도의 도입은 적극 검토해도 좋을 것이라 생각한다.

나아가 국제결혼의 추진 또한 커플 증가 대책의 하나로 받아들여도 무리가 없을 것이다. 개인적으로는 단순히 자녀를 낳아 가문을 잇고자 해외에서 신부를 데려온다는 것은 비용을 지불하고 물건을 사오는 것과 다르지 않다는 생각에서 그다지 바람직한 방안은 아니라는 생각을 견지해 왔다. 최근에는 아시아 국가의 경제력이 상승함에 따라 상품으로 간주되는 형태의 국제결혼은 감소 추세를 보이고 있다. 그러나 글로벌화가 폭넓게 진행되고 있는 상황에서 배우자를 일본인으로만 한정한다는 것은 상식에서 벗어난 이야기이다. 앞으로는 국적을 초월해서 전 세계를 무대로 배우자를 찾거나, 직접 해외로 진출해서 자신의 이상형을 만나게 되는 일도 주위에서 쉽게 접하게 될 것이다. 결과적으로 국제결혼의 증가가 싱글화 방지와 연결된다면 이 또한 반대할 이유가 없다. 일본 정부는 국제결혼을 원하는 개인이 불필요한 방해를 받지 않도록, 국제결혼의 성립 요건 중 각종 장애를 걷어내고 용이함을 제고하는 선에서 체제를 정비하는 것이 필요하다.

결혼과 이혼을 둘러싼 관습과 법률은 국가마다 다르다. 2013년 6월 일본에서는 헤이그협약 실시법*이 통과되었고, 2014년 4월에는 헤이그협약이 발효되었다. 헤이그협약은 이혼 후 자녀의 납치를 원

---

* 1970년 기준 연간 5000건 정도에 머물렀던 일본인과 외국인 사이의 국제결혼은 1980년대 후반부터 급증하여 2005년에는 연간 4만 건을 넘어섰다. 이에 따라 국제이혼도 동반 증가했다. 결혼 생활이 파탄 났을 때 한쪽 부모가 다른 한쪽 부모의 동의를 얻지 않은 채 아이와 함께 자신의 모국으로 떠난 후, 다른 한쪽 부모의 면회를 허용하지 않는 문제가 제기되었다. 이외에도 외국에서 생활하고 있는 일본인의 경우, 일본이 헤이그협약 미체결 국가라는 이유로 자녀와 함께 일본으로 일시 귀국하는 것을 허락하지 않는 문제가 발생했다. 헤이그 협약은 자녀가 원래 살던 곳으로 귀환시키는 것이 원칙이며, 부모 면회 및 교류 확보를 위해 제정된 것이다.

칙적으로 금지하는 국제 규약이다. 국제적 기준에 무조건 맞추어야 한다는 생각에 동의하지는 않지만, 국제결혼으로 인해 야기될지도 모르는 문제적 사항을 세심하게 검토해 가는 자세는 지속적으로 요구된다 하겠다.

개인 단위의 사회보장제도 도입

앞서 배우자를 물색하기 위한 사회적 대책을 다양하게 검토해 보았다. 하지만 생각의 방향을 바꾸어 배우자가 없어도 안심하며 생활할 수 있는 대책을 마련하는 것은 어떠한가. 배우자 유무에 관계없이 안심하며 생활할 수 있는 사회적 대책으로는 연금과 건강보험 등의 사회보장제도 정비가 가장 먼저 떠오른다. 사회보장제도를 충실히 갖춘다면 싱글도 안심하고 생활할 수 있게 될 것이라는 단순한 논의를 펴고자 하는 것은 아니다. 일본의 사회보장제도는 누구나 결혼을 한다는 전제하에 만들어졌다는 점에서, 이미 제도 정비 이전 단계부터 치명적 결함을 안고 있다. 따라서 평생 싱글로 살아가는 경우나 도중에 이혼을 하게 될 때, 사회보장제도의 틀 안에서 어떤 지원이 가능할 것인지에 대한 관점이 결여되어 있다.

현재 사회보장제도에서 유일하게 갖추어진 것은 결혼 후 남편이 사망했을 때 아내의 생활을 보장하는 구조이다. 결혼하면 남편 사망 후 유족연금을 받을 수 있고, 세금과 관련해서는 과부 공제가 이루어지며, 생활 보호 측면에서는 모자 가산母子加算 정책의 혜택을 받을 수 있다. 표준가족 모델 범주에 포함되는 비율이 현실에서 축소됨에도 불구하고, 일단 표준가족을 구성한 후 남편이 사망한 경우라면 아내의 노후는 극진하다는 표현이 무색하지 않을 만큼 국가로부터 세심한 보호를 받는다.

문제는 사별이 아니라 이혼으로 인한 이별이나 미혼 자녀를 양육하는 모자 가족의 경우이다. 현재 미성년 자녀를 양육하고 있는 싱글맘의 대부분은 이혼이 주원인이지만, 이별 싱글에 대한 사회보장은 대단히 미약한 수준이어서 안심하고 생활할 수 있는 정도에 훨씬 미치지 못하고 있다. 사회보장제도의 개혁 방향으로는 보장이 충분치 못한 부분을 중점적으로 겨냥하여 부족한 점을 보완해 나가는 방법이 있을 것이다. 그러나 현재 시점에서도 사회보장을 충분히 받지 못하는 사람들에 대한 대응은 현실 요구를 따라잡지 못하고 있다. 앞으로 가족 형태가 더욱 다양해지면 표준가족 범주에 속하느냐 아니냐에 따른 격차는 더욱 심화될 것이다.

누구나 안심하고 생활할 수 있는 복지 사회로 전환되려면 표준가족 모델 내의 가족(가구) 단위를 기반으로 설계된 현재 사회보장제도를 개인 단위의 사회보장제도로 재설계하는 것이 필히 요구된다. 사회보장제도가 개인 단위로 전환되면 개인들이 영위하고 있는 다양한 삶의 방식에 대응하는 것이 보다 유연하고도 용이해질 것이다. 그렇게 되면 경제적으로 취약한 상황에 있는 싱글을 지원하기 위한 현실적 방안의 강구로 이어질 것이다.

개인 단위의 사회보장제도는 구체적으로 어떤 것이 있는지, 먼저 사회보장제도의 핵심인 연금제도 및 건강보험에 대해 살펴보기로 한다.

① 연금제도

일본의 후생연금제도(2015년 10월 1일부터 공제연금도 후생연금으로 일원화되었다)는 남편은 정규직 종사자, 아내는 전업주부인 표준가족모델을 기반으로 설계되었다. 예를 들어 남편이 직장인이면 전업주부는 제3호 피보험자에 해당되어 자신의 연금 보험료를 납부할 필요가 없다. 남편이 자기 몫의 연금 보험료를 지불하고 나면 향후 아내도 연금을 받을 수 있게 된다. 이유는 연금이 가족 단위로 지급되어야 한다고 보고 있기 때문이다.

한데 현실에서는 평생 싱글 지위를 고수하는 사람, 맞벌이 부부, 이혼한 커플 등 다양한 관계 양식이 존재한다. 현재 연금 제도는 이러한 현실 가족의 다양성을 고려한 후 설계된 것이 아니기 때문에 여러 가지로 불공정한 상황이 발생하곤 한다. 실제로도 아내의 지위가 동일하게 전업주부라 하더라도 남편이 비정규직 종사자일 경우는 대부분이 제3호가 아닌 제1호 피보험자가 된다. 이때 제1호 피보험자는 국민연금 가입이 필수이기 때문에 연금 보험료를 지불해야만 한다. 남편이 정규직 종사자인 가구보다 분명 소득 수준이 낮음에도 불구하고 전업주부인 부인은 남편이 비정규직이기 때문에 연금 보험료를 부담해야만 하는 상황이 발생하는 것이다.

남편이 동일한 정규직 정사원일 경우에는 아내가 전업주부냐, 정규직 종사자냐에 따라 개별가구가 부담해야 하는 보험액이 달라지기도 한다. 아내가 정규직 종사자일 경우는 부부 각각 제2호 피보험자(후생연금 가입자)에 해당되어 그에 상응하는 연금 보험료를 지불해야 한다. 달리 말하면 한 가구에서 남편 몫과 부인 몫, 두 사람분의 보험료를 내는 셈이다. 반면 아내가 전업주부인 경우는 남편 홀로 한 사람 분의 보험료만 지불하면 된다. 가족 단위로 보험료를 부담해야 한다면, 아내가 전업주부일 경우 남편이 두 사람 몫을 지불하는 것이 논리적으로 온당하지만 실제 보험액 산정 구조는 그렇게 설계되어 있지 않다. 모순에 찬 제도인 것이다. 또한 앞서도 지적했듯이 표준가족 모델을 전제로 설계되어 있기 때문에 이혼한 싱글도 불이익을 감수할 수밖에 없다. 결혼 여부와 남편의 고용 상태에 따라 아내의 연금에 유불리가 발생하게 되는 것, 이것이 현재 일본 연금제도의 현주소이다.

이처럼 불공정한 상황이나 모순적 요소를 해소하려면 '연금을 일원화하여 제3호 피보험자 지위를 없애고, 누구나 개인 계정으로' 보험에 가입하는 간단한 방식으로 재설계할 필요가 있다. 엄밀히 말하면 현재도 연금은 개인 계정이라 할 수 있다. 하지만 유족연금제도가 엄연히 시행되고 있고, 이혼 시 연금 분할 계산법 또한 매우 복잡한 과정을 거쳐야 한다. 이에 따라 이혼 후 재혼과 함께 피부양가족의 지위를 누리던 여성이 또 이혼하게 될 경우 자신이 정확하게 얼마의 보험료를 내야 하는지, 미래에는 정확하게 얼마의 보험료를 수령할 수 있는지 계산하는 것이 매우 어렵다.

연금제도는 가능한 한 단순한 방식으로 설계되는 것이 좋다. 기업에 근무하는 정규직일 때, 자영업자일 때, 비정규직일 때, 기타 상황일 때 등등 개인의 고용 상황에 따라 가입이 가능한 연금 종류가 복잡하게 세분화되어 있는 국가는 아마도 일본뿐일 것이다. 이 또한 비정규직 남성의 결혼을 저해하는 요인의 하나가 되고 있음을 기억할 일이다.

② 건강보험

일본의 건강보험은 연금과 마찬가지로 불공정한 요소를 안고 있다. 남편이 정규직일 경우 아내는 보험료를 지불하지 않아도 건강보험의 혜택을 누릴 수 있다. 하지만 아내도 정규직이라면 해당 가족은 이중으로 보험료를 지불해야만 한다. 비정규직의 경우도 부부 모두 보험료를 지불해야만 한다. 이처럼 건강보험 제도상 왜곡이 발생한 것은 사회보장제도 속에 '부양' 개념이 포함되어 있기 때문이다. 이에 따라 현재 일본의 건강보험제도는 부양가족이 있는 정규직 종사자가 가장 유리하도록 설계되어 있다.

반면 부양가족이 있는 정규직 종사자 범주 밖에 있는 경우는 가혹할 정도로 혜택이 적다. 그 중에서도 특히 비정규직 싱글에 대해서는 특혜가 가장 적다는 점에서 합리성을 결여한 제도라 해도 과언이 아닐 것이다. 이를 개선하기 위해서는 현행 정규직 종사자의 부양가족인지 아니면, 원래부터 부양가족으로 인정받고 있었는지 등의 구분을 없애고 완전히 개인 계정에 입각한 제도로 이행해야 할 것이다.

부양 제도가 없어진다면 낮은 수입으로 인해 자립할 수 없는 사람들이 곤란한 상황에 놓이게 될 것이라는 우려의 목소리가 들려오기도 한다. 실제로 이혼이나 사별 후 싱글 지위로 돌아온 여성 대부분은 친정으로 돌아가 부모의 부양가족으로 건강보험에 가입하고 있다. 만약 부양가족 리스트에서 제외되면 수입이 없거나 매우 적더라도 스스로 보험료를 지불해야만 한다. 앞으로는 수입이 적은 사람들을 위해 보험료를 저렴하게 낮추고, 생활보호나 기타 혜택 등 가능한 수단을 모두 동원해서 보호받도록 해야 할 것이다. 건강보험은 공정성을 담보하되, 대신 저소득층이나 수입이 없는 사람들을 지원할 수 있는 여러 종류의 정책 수단을 강구한다면 큰 문제가 없으리라 생각한다.

표준가족을 위해 설계된 기존의 사회보장제도는 다양한 곳에서 제도의 구멍을 발견할 수 있다. 모두가 안심하고 생활할 수 있도록 하기 위해서는 건강보험을 포함한 기본적인 생활 혜택을 보장하는 방향으로 제도를 재편해야 할 것이다. 이는 일시적 싱글로 돌아온 사람들에게도 도움이 될 것이다.

③ 주택 정책

일본의 주택 모델 역시 사회보장제도와 마찬가지로 표준가족 모델을 상정하고 만들어졌다. 집의 크기와 집의 구조가 표준가족에 맞추어져 있다는 의미는 물론 아니다. 현재는 표준가족에 포함된 사람일지라도 라이프코스를 거치는 동안 표준가족을 유지할 수 있는 기간이 한정되어 있어, 부부만 다시 남게 되거나 다시금 싱글로 보내는 기간이 발생하고 있다. 그런가 하면 평생토록 결혼하지 않는 사람도 있고, 이혼과 재혼을 반복하는 사람도 있다. 이처럼 개인 라이프코스는 다양하게 변주되고 있는데, 일본은 주거 이동의 어려움이 잔존하듯 주택 정책도 경직되어 있다.

주거 이동이 어려운 일본에서는 다음과 같은 비극적 사례들이 종종 발생한다. 예를 들어 결혼을 포기하고 싱글용 아파트를 구입했는데 바로 그 순간 파트너가 나타나 결혼을 약속하게 되었다 치자. 이때 싱글용 아파트를 즉시 매각할 수 있다면 금상첨화일 테지만, 구매자가 나서지 않으면 싱글용 아파트와 새로 구입한 신혼부부용 주택 대출금을 이중으로 지불해야 하는 곤경에 빠지게 된다.

결혼 후 교외에 적합한 매물이 나와서 구입했지만 자녀를 임신하기도 전에 이혼하는 경우도 있다. 이때 땅값 하락으로 인해 적기에 매각이 불가능함은 물론, 이혼 후 홀로 불필요하게 넓은 집에서 계속 살아야 되는 안타까운 상황이 발생하기도 한다. 라이프코스의 변화에 맞추어 원활한 주거 이동이 이루어지지 않을 경우, 이와 같이 무리한 상황과 과도한 낭비가 발생하는 것이다.

주거 이동의 편의성을 높이려 한다면 임대 주택의 활성화가 유력한 대안 중 하나이다. 하지만 일본의 주택 정책은 주택 소유에 과도하게 치우쳐 있다. 소비세 증세의 영향을 완화하기 위한 방안으로 주택 융자에 대한 감세 정책 도입이 예정되어 있기는 하지만, 이로 인한 혜택을 받을 수 있는 층은 주택을 취득할 수 있는 소수의 사람들일 뿐, 임대를 선택할 수밖에 없는 사람들에게는 완화 조치의 의미가 거의 없다. 주거 이동의 간편화를 촉구하려 한다면 임대를 희망하는 사람들을 대상으로 임대료 보조금을 지급하는 방안이나 셰어하우스 및 커뮤니티하우스에 대한 지원을 도입하는 것이 바람직하리라 생각한다. 정부 차원의 지원을 필요로 하는 대상이 누구인지 고려해 본다면, 주택 구입을 감당할 수 있는 계층보다는 낮은 수입으로 인해 대출조차 힘들어 임대 주택에서 살아야 하는 계층이 아닐까 싶다. 실제로 스웨덴에서는 저소득 싱글을 위한 주택 및 임대료 보조 정책을 실시하고 있다.

④ 고용 대책

4장에서도 살펴보았듯이 경제적 약자일 때 싱글로 남게 되거나 싱글로 돌아오는 비율이 높고, 같은 싱글이라도 경제적 약자일 때 고립화되기 쉬운 것이 엄연한 현실이다. 그렇다면 고용 환경을 개선하고 비정규직 저소득층의 생활을 안정시키는 것이야말로 만혼화 및 미혼화를 완화하고 나아가 증가하는 이혼과 감소하는 재혼율을 개선할 수 있는 실질적 대책이 될 것이다.

고용 환경이 개선된다면 비록 싱글로 남거나 이혼 후 다시 싱글이 되더라도 스스로 생계를 유지하는 데 무리가 따르지 않을 것이고, 경제적 빈곤으로 인한 고립화 가능성 또한 줄일 수 있을 것이다. 특히 결혼 후 전업주부가 되어 경력 단절을 경험한 채 이혼 후 싱글이 된 여성은 취업 기회를 갖기가 가장 어려운 집단임이 분명하다. 이들 여성을 위한 고용 환경이 갖추어진다면 싱글로 인해 최하층 계급으로 전락하게 되는 여성 비율도 줄어들 것으로 예상된다.

고용 환경 개선은 싱글의 경제 생활뿐만 아니라 심리적 차원에서도 긍정적 영향을 미치게 될 것이다. 청년 싱글이나 중년 싱글의 경우는 가족에 의해 심리적으로 포용되거나 지원을 받지 못한다 해도, 직장 생활을 통해 자신을 필요로 하는 누군가가 있다는 느낌을 확보할 수 있다. 비록 개인적으로는 고립되어 있지만 직장에 자신의 자리가 마련되어 있다면 심리적 안정성을 확보하는 데 실질적 도움을 받을 수 있다. 물론 직장을 떠나는 순간 자신의 자리가 사라진다고 생각할 경우 직장 생활에 과도하게 의존하게 되는 리스크가 발생할 수도 있다. 하지만 가족도 없는 데다 비정규직 종사자로서 불안정한 고용 상태에서 생활하는 것보다는 정규직일 때 정신 건강상 훨씬 바람직하리라는 것은 재론의 여지가 없다. 고용 안정화는 마음의 안정으로 이어진다.

다만 일본에서는 아직도 일본 특유의 고용 관행, 곧 신입 일괄 채용, 종신고용, 연공서열年功序列, 정규직과 비정규직의 대우 격차 등이 뿌리 깊게 남아 있다. 이들 관행은 하나같이 정사원의 기회를 잡지 못하거나 정규직을 그만 두는 사람에게 불리한 조건을 강요하고 있다. 불리한 관행으로 인해 정규직 종사자의 부양가족으로서 정당한 지위를 얻지 못하는 '비정규직 싱글'은 생활 곤란으로 인해 심각한 타격을 받게 된다. 뿐만 아니라 여성의 경제활동에 제약을 가하고, 비정규직 남성의 결혼난을 부추겨 결과적으로 싱글화를 심화시키는 악순환의 고리를 형성하게 된다. 이러한 일본적인 고용 관행이 획기적으로 개선되지 않는 한, 가족 난민 문제를 근본적으로 해결할 수 있는 방법을 찾기는 어려울 것이다.

⑤ 양자·수양제도

입양 또는 위탁 아동 제도라고 하면 어린이를 위한 제도라 여기기 십상이다. 하지만 자녀가 없는 커플이나 싱글 입장에서는 입양 및 위탁 아동 제도를 이용함으로써 고령 싱글의 고립화 문제를 해결할 수 있으리라는 견해도 있다. 일본에서는 유럽 및 미국과 비교할 때 입양 보급률이 현저히 낮다. 미국에서는 자녀를 가질 수 없는 불임 부부뿐만 아니라, 동성애 커플이나 싱글도 양자를 들일 수 있고 위탁 아동을 양육할 수 있다.

브로드웨이 뮤지컬 「애니」는 고령 싱글로 외로운 노후를 보내던 재산가가 고아원에서 살고 있던 소녀를 입양하는 이야기이다. 입양 이야기가 인기 있는 뮤지컬 주제가 되어 널리 받아들여지고 있다는 사실을 통해 짐작해 볼 수 있듯이, 미국에서는 입양 및 수양이 드물지 않다. 영화배우나 유명인사 중 수양 및 입양을 선택하는 사례들이 널리 알려져 있다. 물론 일본에도 양자·수양 제도가 있다. 그렇지만 유럽과 미국처럼 널리 이용되고 있는 편은 아니다. 원인은 양자·수양의 요건이 매우 엄격하기 때문이다. 일례로 일본에서는 결혼한 부부가 아닌 경우 법원에서 원칙적으로 미성년의 양자를 인정하지 않는다. 싱글인 한은 미성년 자녀를 입양할 수 없기에 뮤지컬 「애니」와 같은 감동적 이야기가 일본에서는 아예 태어날 수 없다.

또한 동성 커플 결혼을 인정하지 않는 일본에서는 동성 커플을 동거 상태에 있는 싱글 범주로 간주함으로써, 아동 입양이나 위탁 아동의 수혜가 사실상 불가능한 상황이다(대신 다른 동성커플을 통해 양자를 들이는 경우가 종종 있다). 레즈비언 커플의 경우는 인공 수정 등 의료 기술의 혜택을 활용하여 자녀를 낳을 수 있지만 게이 커플은 그것마저도 시도할 수 없는 상황인데, 입양 및 위탁 아동까지 원칙적으로 불허하고 있는 것이다(애초에 동성 커플의 결혼을 인정하지 않는 사실로 미루어 국가가 인정하는 가족제도의 경직성을 엿볼 수 있지만 말이다).

한편 양자제도는 생물학적 측면에서 친자 관계와 무관한 어린이와 호적상 친자 관계를 맺는 것을 의미한다. 이때 입양 후 자신이 사망하면 양자에게는 상속권이 부여된다.

반면 수양제도는 호적상 아무런 관계도 없는 양부모가 친부모를 대신해서 수양자를 양육하는 것을 의미한다. 따라서 수양자 나이가 18세가 되면 관계가 종료되고 양부모가 사망해도 수양자에게 상속권이 발생하지는 않는다. 다만 양부모는 호적상의 부모는 아니지만 위탁 아동을 위한 양육 수당을 받을 수 있고, 사실상 양육의 책임을 지고 있기 때문에 넓은 의미에서는 친자 관계의 일종이라 할 수 있다. 수양의 경우, 일본에서는 집 크기까지 규정하는 등 세세한 조건이 따라 붙는다. 양부모는 아이를 입양할 때 국가로부터 수당을 받게 되는데, 이로 인해 다수의 어린이를 입양한 후 비좁고 열악한 환경에서 키우는 악의적 사건도 일어날 수 있음을 배제하기 어렵다. 이를 미연에 방지하고자 수양 시 일정한 요건을 부과하고 있는데, 까다로운 요구 조건을 충족하는 데 어려움이 따른다고 해서 일률적으로 비난할 수는 없을 것이다.

다만 경제적 측면이나 인격적 관점에서 전혀 문제가 없음에도 불구하고 자격 미달로 규정하는 것은 변명에 불과하다. 동성 커플이라서 자격 조건 미달이고, 싱글이라서 수양이 불가능하다고 규정하는 것은 불합리하다. 수양을 허용하는 조건이 현행보다 완화되고 유연해진다면 일본에서도 양자와 수양제도의 이용이 확산되리라 믿는다. 현장에서는 입양과 수양을 결합해서 18세까지는 수양제도하에서 양육하고 18세 이후에 입양하는 경우도 있다. 이렇게 하면 양자가 18세가 될 때까지는 실질적으로 국가의 지원을 받을 수 있다. 아이 입장에서 두 제도를 결합하여 이용하는 것이 바람직할지 여부는 상황이 미묘해서 판단이 쉽지 않지만, 현실적 대안 중 하나인 것만은 확실하다.

⑥ 사회적 참여 활성화를 도모하는 제도적 장치

지금까지는 싱글의 고립화 방지를 위한 사회적 시책으로 주로 경제적 측면을 지원하는 방법을 살펴보았지만 동시에 심리적 지원이 필요함은 물론이다.

오늘날 일본에는 스냅SNEP이라 불리는 사람들이 증가하고 있다. 여기서 스냅이란 Solitary Non-Employed Persons의 앞 글자를 조합한 것으로, 해석하면 고립무업孤立無業이라 할 수 있다. 무직 상태의 미혼으로서 동거가족 이외에는 어떤 사람들과도 교류하지 않은 채 나날을 보내는 사람을 칭한다. 스냅 개념을 제안한 바 있는 도쿄대 겐다 유지玄田有史 교수에 따르면 2011년 기준 일본에는 162만 명의 스냅이 존재하는 것으로 추산되고 있다고 한다(겐다 유지, 『고립무업SNEP』). 말하자면 사회로부터 고립된 패러사이트 싱글과 문자 그대로 홀로 사는 싱글을 결합한 개념이라 하겠다.

스냅의 고립화를 미연에 방지하려면 무엇보다 우선적으로 안정적 고용 환경을 갖추는 것이 중요하다. 더불어 직장생활 업무 이외에 사회와 접점을 가질 수 있는 방법을 제안하고 싶다. 고령자에 대해서는 고립을 방지하기 위해 사회와 연결시키려는 노력이 다각 도로 이루어지고 있다. 예를 들어 독거 상태의 고령 싱글을 대상으로 정기적 방문 활동을 실시하고 있는 지자체는 쉽게 찾아볼 수 있다. 고령자를 대상으로 정기적 방문 활동이 이루어지고 있는 이유는 고령자 대부분이 현역을 은퇴한 후 사회와 접점을 잃은 채 고립화되는 경향이 일반적일 것으로 인식되기 때문이다.

반면 젊은 싱글과 중년 싱글은 오히려 사회적 연계를 활성화하기 위한 일련의 사회적 배려로부터 배제되고 있다. '젊은 싱글이나 중년 싱글 대부분은 직장을 다니고 있기 때문에 고립과는 거리가 멀 것이다', '젊기 때문에, 혹은 늙지 않았기 때문에 집 밖에서의 생활을 즐기고 있을 것이다' 같은 근거 없는 선입견으로 인해 사회적 지원 대상에서 제외되고 있는 것이다. 그러나 겐다 교수가 밝힌 것처럼 집에 틀어박힌 채 고립된 젊은이나 중년 무직자는 그 숫자가 무시할 수 없을 정도로 많다. 사실상 고령 싱글 뿐만 아니라 젊은 싱글과 중년 싱글을 위해서도 사회 참여를 촉진할 수 있는 방안 마련이 절실하다. 실상 지방자치단체가 주관하는 곤카쓰 이벤트는 고립되기 쉬운 젊은 싱글과 중년 싱글을 집 밖으로 끌어내어 사회활동에 적극 참여하도록 하는 중재자 역할도 수행하고 있다. 곤카쓰 파티에 참여한 덕분에 어머니나 자매가 아닌 평범한 여성과 정말 수년 만에 대화 기회를 갖게 되었다는 사례를 심심치 않게 찾아볼 수 있다.

아직은 작은 움직임이지만 NPO를 중심으로 이들 고립화된 계층을 사회에 참여할 수 있도록 지원하는 활동이 시행되고 있다. 앞으로는 이러한 활동이 더욱 확대되길 희망한다. 물론 싱글의 고립화 방지를 비영리시민단체(NPO)에 맡기면 된다는 주장을 하려는 것은 아니다. 정부는 정부대로, 지자체는 지자체대로, 고립되기 쉬운 젊은 싱글과 중년 싱글을 소통의 장으로 끌어낼 수 있는 다양한 시책을 제시해야 할 것이다.

일본은 직장 이외의 곳에서 친구를 만들기가 어려운 나라이다. 도쿄가쿠게이대학의 아사노 도모히코浅野智彦 교수가 강조하듯, 취미를 통해 친구를 만드는 '취미 인연'이나 자원 봉사 등을 통해 사람들과 교류할 수 있다면 매우 바람직할 것으로 전망된다. 그럼에도 직장 일과 거의 무관한 사회활동에 참가함으로써 사회적 연계망을 만들어 가는 데는 분명히 장애물이 높아 보인다(아사노 도모히코, 『취미 인연으로 시작하는 사회 참가』). 동일한 직장에 근무한다 해도 직장 내 동료나 상사들과 어울려 원활한 커뮤니케이션을 수행하는 데 어려움을 느끼는 경우가 다반사인데, 하물며 무직자의 경우라면 사회 참여를 통해 취미 인연을 맺거나 자원봉사자 인연을 만드는 데 더욱 어려움을 느낄 것이 분명하다. 그 결과 직장도 있고 가족도 있고 자원 봉사도 하고 취미 생활도 하고 친구도 사귀는 등 고립화 방지를 위한 모든 방안을 실천해 보는 사람과, 아무런 준비 없이 어느 것 하나 마련하지 못한 채 결국 고립되고 마는 사람으로 양극화가 진행되고 있다.

사회적 차원에서 문제가 되는 것은 당연히 후자일 것이다. 이들은 일상생활에서부터 타인들과 연락을 끊고 지내 온 나머지, 사람들을 만날 때면 낯가림이 더욱 심해져 고립 상황이 깊어지고 있다. 정부 및 지자체 그리고 NPO가 합심하여 싱글의 고립화 및 격차 확대의 악순환을 차단할 수 있는 사회정책 마련에 중지를 모아야 할 것이다.

지금 우리에게 부과된 과제

싱글화에 내포된 변화 세 가지

이 책의 내용을 다시금 정리해 보자. 오늘날 일본에서는 싱글화가 진행되고 있음이 확실한데, 일본의 싱글화 현상은 다음 세 가지 변화를 내포하고 있다.

첫 번째 변화는 '생애 미혼자'의 증가이다. 누구나 한 번쯤은 결혼할 것이라는 상식이 이젠 과거에만 통용되던 상식으로 변화했다. 덕분에 평생 싱글로 지내는 숫자가 눈에 띄게 증가하고 있다.

두 번째 변화는 싱글의 장기화이다. 결혼에 골인하는 사람도 만혼화로 의해 젊은 싱글기간이 길어졌고, 이혼의 증가로 인해 싱글로 돌아오는 비율이 증가하는 등, 개인의 일생 가운데 싱글로 보내는 기간이 장기화되었다. 이에 따라 한평생 싱글로 지내는 인구 증가로 대변되는 가로축의 변화와 싱글 기간의 장기화로 대변되는 세로축의 변화가 동시에 일어나고 있어, 사회 전반적으로 싱글이 차고 넘치는 상황이 시시각각으로 확대되고 있다.

세 번째 변화는 가족이나 지역사회 어디에도 포섭되지 않은 채 오롯이 고립된 싱글, 바로 가족 난민의 증가이다.

싱글은 개인이 선택할 수 있는 삶의 양식 중 하나이기 때문에 싱글 자체를 문제시해서는 안 될 것이다. 그러나 이미 본문에서 밝힌 바 있듯이 싱글이 '자신을 필요로 하며 소중히 대해 주는 존재가 없는 사람'을 지칭하는 가운데 '가족 난민'을 야기하는 주범이라면 어떨까. 지금까지 '자신을 필요로 하며 소중히 대해 주는 역할'을 주로 가족이 담당해 왔음은 재론의 여지가 없다. 비록 싱글이라도 가족이 있음으로써 자신을 경제적으로나 심리적으로 포용해 주고 지원을 아끼지 않는 누군가와 친밀한 관계를 맺을 수 있었다. 그러나 가족을 만들 수 없게 된 사람들이 증가하고 있는 오늘날, 싱글은 이제 어느 누구에게도 포섭되지 않은 채 사회제도 및 가족구조로부터 쉽게 분리되기 시작했다. 바로 '가족 난민'이 출현하고 있는 것이다.

원래 가족 난민 범주에 드는 사람들은 국가가 사회보장제도를 통해 경제적으로 지원해야 마땅할 것이다. 그럼에도 일본의 사회보장제도는 남편은 생계 부양자, 아내는 전업주부라는 표준가족모델을 전제로 설계되었기 때문에 싱글로 남는 사람들이 빠르게 증가하는 결과를 가져왔다. 연장선에서 가족과 사회 어디에도 포용되지 못한 채 지원조차 받지 못하는 사람들이 늘어나고 있는 것이다.

'가족 난민' 증가를 방지하기 위한 두 가지 방안

'가족 난민'의 증가를 방지하기 위한 방안으로는 '가족 만들기나 파트너 만남의 기회를 보다 용이하게 하자'는 방향과 '가족이나 파트너가 없어도 안심하고 생활할 수 있는 환경을 정비하자'는 두 가지 방향을 생각해 볼 수 있겠다. 가족 만들기 프로젝트를 보다 쉽게 만드는 방향으로는 단순히 기존 형태의 가족을 늘리는 것이 아니라, 가족을 보다 폭넓게 정의함으로써 가족 다양성의 본래 의미와 취지를 사회가 적극 인정하는 것이 중요하다. 전통가족('전통적'이란 단어가 무엇을 의미하는지는 매우 의문이 들지만)이나 표준가족 이외에는 어떠한 형태도 인정하지 않겠다는 편협한 태도는 점차 가족을 구성하는 과정 자체를 어렵게 만들 뿐이다.

가족이나 파트너가 없어도 안심하고 생활할 수 있는 환경 조성으로는 역시 사회보장제도의 재설계가 열쇠가 될 것이다. 그로 인해 경제적 차원에서 싱글 포섭이 가능하게 되면 개인적 차원에서 싱글 고립을 방지하기 위한 준비가 상대적으로 쉬워질 것이다. 또한 지역 사회를 기반으로 한 취미 인연을 활성화하는 등, 업무 이외의 자리에서도 관계를 맺을 수 있도록 지원 구조를 갖춘다면 싱글의 고립화 방지에 유용하게 적용될 것이다.

싱글화의 흐름 자체를 차단하는 것은 불가능한 일이겠지만, 싱글화의 속도를 완화하거나 싱글의 '가족 난민'화를 미연에 차단하는 시스템을 구축하는 것은 지금이라도 늦지 않았다고 생각한다. 싱글화가 진행되는 사회 트렌드를 수용하면서 동시에 '가족 난민'의 증가를 억제하는 방법을 찾는 것, 그것이 바로 지금 우리 모두에게 주어진 과제이다.

대담 공동생활의 순기능이 사회를 구원한다

참석자 야마다 마사히로

구보타 히로유키[*]

• 미국과 일본의 셰어하우스는 어떻게 다른가

야마다 구보타 교수님은 일본과 해외 셰어하우스를 연구해 오셨고, 실제로 셰어하우스에 살고 계시다고 들었습니다. 이 책 5장에서는 '가족 난민이 되지 않기 위해 개인이 할 수 있는 일'의 하나로 셰어하우스를 소개하고 있습니다만, 이 자리에서는 구보타 교수님과 함께 셰어하우스가 증가하고 있는 현상의 사회적 의미를 짚어 보고자 합니다. 우선 일본의 셰어하우스 현황을 알려 주실 수 있겠습니까?

---

[*] 1976년 군마현 출생. 니혼대학 문리학부 준교수. 오사카대학 대학원 인간과학연구과 수료. 박사(인간과학). 전공 분야는 가족사회학·복지사회학·정치철학. 룸 셰어·셰어하우스, 집단하우스 등 가족이 아닌 타인과 공동생활을 실천하기 위한 조사를 기초로 이상적 가족의 친밀성·간호·생활양식의 공동성에 관한 이론적 연구를 진행하고 있다. 저서로는 『타인과 사는 젊은이들』(『他人と暮す若者たち』, 集英社, 2009. 한국어판은 다음과 같다. 『셰어하우스』, 류순미 옮김, 클, 2013)등이 있다.

구보타 일본에서도 1990년대에 이르러 유럽과 미국에서 진행되어 온 것과 같이 타인과 공동생활을 하는 젊은 싱글층이 서서히 증가하기 시작했습니다. 유럽과 미국이라고 한다면 다소 범위가 넓다고 생각하시겠지만, 구 영국 식민지를 중심으로 타운 정보지나 인터넷 게시판 등에 개인 광고를 게재해서, 다소 넓은 규모의 주거 공간을 공유할 동료(셰어메이트)를 모집하는 방식이 일반적으로 활용되고 있습니다. 말하자면 자주운영自主運營형 셰어하우스인 셈이죠.

반면 최근 일본에서 빠른 증가세를 보임에 따라 세간의 주목을 끌기 시작한 것은 사업자형에 해당하는 셰어하우스입니다. 사업자형은 공동생활자 스스로 주체가 되는 자주운영형과 달리, 제3자가 공동사용 공간을 충실히 보강한 다음, 싱글을 위한 집합 주거 양식을 임대하는 사업을 벌이는 겁니다. 사업자는 거주 희망자를 모집해서 개별적으로 계약을 체결한 후, 관리 및 운영을 전담하면서 임대료에서 수익을 얻는 형태입니다. 이러한 방식의 사업자형이 등장함으로써 타인과 공동생활을 시작하기 전에 필히 준비해야 할 다양한 장애물을 치워 준 덕분에, 일본의 셰어하우스 시장은 크게 확대되었습니다. 다만 자주운영형과 사업자형은 공동생활에 대한 입주자의 의식이 상당히 다른 것 같습니다. 사업자형 셰어하우스 입주자의 경우는 타인들과 함께 지내긴 하지만 공동생활에 수반되는 매니지먼트를 본인이 맡고 싶어 하지는 않는 경우가 대부분입니다. 그에 따르는 수고의 대가를 돈으로 지불하는 것이라 생각하기 때문에 그들의 생각은 일면 타당한 면이 있다고 볼 수도 있겠습니다.

실제로 입주자가 사업자에게 전화를 걸어 "내용물이 정확히 무엇인지 모르겠는데 부엌에 이상한 물건이 버려져 있으니 치워 주세요"라고 했다는 실화도 들은 적이 있습니다. 부엌이나 거실 등의 공유 공간을 이용할 때 규칙을 정하는 것이 입주자들 스스로 의견을 조율해서 결정해야 할 사안이라고 생각하지 않음을 입증하는 실례라 하겠습니다. 그런 의미에서 가족 아닌 타인과 공동생활을 영위하는 문화는 일본 사회에 아직 뿌리내리지 못한 것 같습니다.

야마다 유럽과 미국에는 사업자형 셰어하우스는 없습니까?

구보타 국가별로 법제도상의 차이가 있기 때문에 일률적으로 말할 수는 없지만 사업자가 영리를 목적으로 방을 분할해서 빌려 주는 형태는 구미에서는 일반적으로 찾아보기 어려우며, 사실상 금지된 국가도 많습니다. 이러한 사업자형 셰어하우스를 허용한다면 방 1개당 가능한 한 많은 사람들이 거주할 수 있도록 분할해서 임대료 수입을 올리려는 빈곤 비즈니스가 융성하게 될 가능성이 있습니다. 반대로 입주자에게 자율적 운영을 허용하게 되면 저렴한 가격으로 자유롭게 공동생활을 디자인할 수 있기 때문에 군이 사업자에게 수수료를 지불할 필요가 없다는 점에서, 사업자형 셰어하우스는 그다지 매력적 대안이 아닐 수도 있습니다.

최근 일본에서도 우려했던 문제가 발생하고 있습니다. 주택이나 맨션의 방 하나를 가로세로 1평 정도 넓이로 분할한 후 극히 협소한 주거 공간을 임대해 주는 이른바 '탈법 하우스'가 문제시된 바 있습니다. 이 경우 건축기준법상의 용도 변경과 소방법상의 설비 면에서 심각한 문제가 발생할 수 있습니다. 이 사례는 셰어하우스 자체의 문제라기보다는 주택 공급 시 영리를 목적으로 하는 사업자를 어떻게 관리하고 통제할 것인지와 관련된 별개의 문제라 하겠습니다. 결국 이 문제는 공동생활을 목적으로 하는 새로운 형태의 주거 스타일 보급을 활성화하고자 할 때, 어떻게 하면 최소한의 안전을 확보할 수 있는가를 중심으로 법적 차원의 정비가 늦어지는 과정에서 불거진 부작용이라 하겠습니다.

야마다 인간관계를 우선적으로 고려하는—또는 새로운 인간관계를 만들고자 하는—유럽 및 미국식 셰어하우스와 임대료나 주거비 절약 등을 목적으로 하는 일본식 셰어하우스는 시작부터 본래의 취지가 다른 것 같습니다. 제가 이 자리에서 함께 이야기를 나누고자 하는 것은 전자의 셰어하우스입니다. 그에 대한 상세한 의견을 듣기 전에 구보타 교수님이 처음 셰어하우스에 관심을 가지게 된 이유가 궁금합니다.

구보타 제 경우는 학부 시절 처음 기숙사에 들어간 것이 공동생활에 관심을 가지게 된 계기가 되었습니다. 제가 다녔던 ICU(국제기독교대학)는 영국 본교와 동일하게 전원 기숙사 생활을 했기 때문에, 대학 기숙사를 들어가는 과정에는 별 어려움이 없었습니다. 경제적으로 어려운 학생들을 위한 복지형 기숙사는 아니었으므로 기숙사

비용은 월 2만 7000엔으로 당시 다른 대학 기숙사에 비해 높은 수준이었습니다. 처음에는 솔직히 귀찮은 점이 많아서 공동생활에 참여하기가 정말 싫었습니다. 하지만 경제적으로 풍족하지 않았기에 어쩔 수 없이 참아야 한다고 생각했습니다. 지내 보니 어색한 면도 많았지만, 생각했던 것과 달리 좋은 점도 많았습니다. 그래서 '타인과의 공동생활'을 졸업논문 주제로 선택하게 되었습니다.

야마다 그렇다면 교수님께서 셰어하우스에 살기 시작한 것은 언제부터입니까?

구보타 대학원에 진학해서 오사카로 옮겨 갔을 때부터입니다. 당시 저는 대학 기숙사의 단점을 보완해서 공동생활의 장점을 살릴 수 있다면 셰어하우스에 살아도 좋지 않을까 생각하고 있던 중이었습니다. 사실 저는 경제적 여유가 없었기 때문에 셰어하우스를 연구하고자 하는 동기가 앞섰다기보다는, 오히려 저 자신의 생계를 위해 선택했던 측면이 강합니다. 제가 임대한 곳은 오사카 근교에 있는 2DK(두 개의 방과 거실, 주방으로 이루어진 주택 구조를 이르는 말—옮긴이) 구조의 집이었고 월세는 4만 8000엔이었습니다. 부동산에는 "형이 오사카에 오면 함께 살려고 합니다"라고 애매하게 둘러대고 빌렸습니다(웃음).

야마다 셰어메이트는 어떻게 모집하셨습니까?

구보타 '룸 셰어 재팬'이라는 인터넷상의 셰어 게시판을 통해 모집했습니다. 인터넷에 올리자마자 여러 사람에게 연락이 왔습니다. 한

번은 호주로 도피하다시피 떠나 그곳에서 결혼한 후 아이를 데리고 돌아왔다는 여성으로부터 연락을 받은 적이 있습니다. 자세한 사연을 들어 보니 남편도 함께 일본으로 돌아왔지만 처가의 문턱을 넘을 수 없었기 때문에 고향으로 돌아가기 전까지 4주 동안만 방을 사용하고 싶다는 것이었습니다. 게스트하우스처럼 사용하기를 원했던 셈이지요. 커플이 방을 보러 온 적도 있었습니다. 두 사람 모두 히피족인 듯 했습니다만(웃음), 다른 사람들과 함께 지내는 데는 전혀 문제가 없는 모습이었습니다. 다만 히피풍의 커플과는 생활 시간대가 맞지 않았기 때문에 거의 대부분은 얼굴을 맞댈 기회조차 없었습니다. 가끔은 셋이서 함께 식사를 하러 나가기도 했습니다.

야마다 셰어하우스에 거주하는 커플도 있었군요.

구보타 의외일지도 모르지만 최근에는 커플 사례들이 늘고 있습니다. 일본 집은 넓은 면적의 주 침실(큰 방)과 그 밖의 작은 방으로 이루어진 구조가 많습니다. 덕분에 셰어하우스에서 넓은 주 침실을 혼자 사용하게 되면 임대료가 높아집니다. 그럴 때 커플이 함께 살면 방값은 절반으로 떨어진다는 계산을 하게 되는 것이지요. 다만 현재로서는 결혼을 하게 되면 셰어하우스를 졸업해서 다른 곳으로 나가는 것이 일반적 관행입니다. 앞으로는 컬렉티브 하우스collective house(주방 공동 사용 등을 특징으로 하는 다세대 셰어하우스형 공동주택)에 거주하는 부부처럼 셰어하우스에서 계속 생활하는 커플들이 증가할지도 모르겠습니다.

야마다 그렇다면 입주자 입장에서는 싱글 기간 동안(만) 일시적으로 셰어하우스에 사는 것이라고 여긴다는 겁니까?

구보타 그렇다고 생각합니다. 유럽과 미국에서도 마찬가지일 테지만, 셰어하우스는 기본적으로 젊은 싱글 시절, 결혼하기 전까지 선택 가능한 주거 양식의 하나로 인식하고 있는 사람이 다수인 것 같습니다. 여기서 셰어하우스 유형을 세 가지로 정리하는 것이 도움이 될 것 같습니다. 첫째 유형은 결혼하기 전 젊은 싱글 시절에 값비싼 개인 공간에서 살기보다는, 관심사나 라이프 스타일이 비슷한 또래 친구들과 함께 사는 것이 저렴하기도 하고 재미도 있을 것이라는 관점에 근거한 셰어하우스입니다. 말하자면 젊은 층 중심의 셰어하우스입니다.

둘째 유형은 일본에서는 아직 생소할지 모르지만 결혼을 하든 평생 싱글로 남든 관계없이, 부부나 가족을 뛰어넘는 큰 규모의 공동체 속에서 생활하는 것이 바람직하리라는 이념에 근거한 셰어하우스입니다. 이러한 유형의 셰어하우스는 현실에서는 이혼 후 이별 싱글이 돌아오는 곳으로 인기를 끌기도 합니다. 말하자면 평생형 셰어하우스라 하겠습니다. 북미 등지에서는 수십 년간 지속적으로 운영되고 있는 셰어하우스 커뮤니티를 쉽게 찾아볼 수 있습니다.

셋째 유형은 요양 서비스의 공동 이용을 목적으로 한 고령자용 셰어하우스처럼 간호나 간병을 수행하는 개별 가족이 공동생활을 통해 자신들의 욕구를 충족하는 것을 목적으로 한 셰어하우스입니다. 이른바 간호형 셰어하우스라 하겠습니다. 일본에서는 순조롭게 확산될 가능성이 크지는 않지만, 홈셰어home share라고 불리는 형태가 이에 해당됩니다. 고령자와 학생의 셰어하우스나 고령자와 싱글 맘의 셰어하우스 등의 사례가 있습니다. 바야흐로 일본에서도 젊은 층 중심의 셰어하우스가 서서히 증가 추세를 보이는 가운데, 이를 응용한 평생형이나 관리형 셰어하우스는 이제 막 시작 단계라고 할 수 있겠습니다.

야마다 오늘날 일본에서 중년기 및 고령기의 싱글이 증가하고 있는 현실을 고려한다면, 셰어하우스를 청년기에 일시적으로 선택하는 주거 양식으로 제한하는 것은 안타깝다는 생각이 듭니다.

구보타 유럽과 미국의 셰어하우스 역시 결혼 전 청년기의 합리적 주거 양식으로 선택되어 오다가, 만혼화가 진행되고 이혼율이 증가하며 고령화가 진전되는 등의 사회구조적 변화를 배경으로 평생형 및 간호형 셰어하우스로 변주되어 나타난 것이 아닐까 생각합니다.

• 일본의 셰어하우스 실태

야마다 일본의 셰어하우스 실태를 조금 더 자세히 설명해 주십시오. 셰어하우스에는 어떤 사람들이 살고 있습니까?

구보타 사업자 유형에 한정해서 보면 젊은 층을 위한 셰어하우스는 20~30대가 90퍼센트를 점하고 있고, 그 중 70~80퍼센트가 여성입니다. 거주 기간은 사업자의 수완에 따라 다르겠지만 대체로 1~2년

미만인 것으로 알려져 있습니다. 90퍼센트 가까이가 도심에 위치하고 있고요. 미디어는 주로 취미나 목적을 공유하는 컨셉형의 셰어하우스, 아니면 생활공동체로서 동아리 같은 분위기를 내는 셰어하우스에 주목합니다만, 오히려 그러한 타입의 셰어하우스에 거주하는 비율은 소수입니다. 그보다는 '건전한 주거 환경에 저렴한 임대료를 내고, 가끔 사람들과 얼굴을 마주치며 사는 정도가 좋겠다'고 생각하는 이들을 중심으로 싱글 생활의 연장으로서 사업자형 셰어하우스에 살고 있는 '평범한' 셰어메이트들이 다수인 것 같습니다(웃음).

자주운영형 셰어하우스에 관해서는 신뢰할 수 있는 데이터가 없기 때문에 정확한 현황은 잘 모르겠지만, 인터넷 게시판 정보를 참고한다면 사업자형에 비해 집세가 상대적으로 저렴하고 거주 기간이 길며 남성 거주자가 많은 것으로 짐작됩니다. 이 경우도 90퍼센트가 도심에 위치해 있습니다.

물론 지방 출신자가 대부분이지만 도내都內에 집이 있음에도 굳이 셰어하우스에 살고 있는 젊은이들이 의외로 많습니다. 야마다 교수님께서 '패러사이트 싱글'에 대해 말씀하신 것처럼 부모와 동거하면 경제적으로 유리한 면이 당연히 있겠지만, 반대로 부모와 함께 살면 번거로움을 감수해야 할 때도 있겠지요. 그 결과 자립심이 높을수록 부모 슬하를 떠나 독립하길 원하게 되고 일단 부모를 떠나면 돌아오고 싶어 하지 않는 것이라 생각합니다. 그런 상황에서 집 근처에 방을 빌릴 수 있고 경제적 장벽을 낮추어 주는 것이 바로 셰어하우스라 하겠습니다. 개인집 임대료 7만 엔은 부담스럽지만 셰어하우스 임대료 4만 엔 정도는 아르바이트를 하든 비정규직이든 어떻게든 마련할 수 있을 겁니다. 그런 이유로 셰어하우스에 살고 있는 사람들도 적지 않습니다.

야마다 셰어메이트들 역시 셰어하우스 생활을 일시적인 것으로 받아들이고 있습니까? 그래서 언젠가는 결혼해 그곳을 나가고 싶다고 생각하고 있는 것일까요?

구보타 제 개인적 인상에 근거해 말하자면, 셰어하우스에 살고 있다고 해서 '결혼하고 싶지 않다'고 생각하는 경우는 거의 없을 것 같습니다만, '가능하면 결혼하고 싶다' 정도에는 동의하고 있으리라 추측됩니다. '셰어하우스에서 생활했던 경험으로 인해 결혼관이 바뀌었다'는 사람도 있습니다. 실제로 '결혼 이외의 선택도 가능하지 않을까' 생각하기도 하고, 타인과 공동생활을 하면서 결혼 및 육아를 함께 공유하면 어떨까 생각하기도 하고, 결혼 상대의 선택 기준이 바뀌었다는 이야기도 종종 듣고 있습니다.

어떤 여성이 남자친구에게 "결혼하더라도 셰어하우스에 사는 셰어메이트처럼 살면 좋을 것 같다"고 했는데, 남자친구가 "그 생각에 동의하지 않는다"고 답해 여성 쪽에서 이별을 통고했다는 이야기도 들었습니다. 여성 입장에서는 '타인과 공동생활하는 모습을 머릿속에 상상조차 할 수 없는 사람과 결혼해서 과연 잘해 나갈 수 있을까, 결혼 후 두 사람만 고립되는 것은 아닐까' 의문을 가지게 되었다는 것입니다.

야마다 간호 요구를 충족시켜 주는 셰어하우스는 일본에서 아직 그 숫자가 미미하지만, 앞으로 중년·노년기에 이혼하거나 배우자와 사별한 사람들이 증가함에 따라 간호형 셰어하우스의 수요 또한 증가할 가능성이 있는지 관심이 있습니다.

구보타 미국 보스턴에서의 사례를 보면 이혼 후 결혼은 진저리가 난다는 40대 남자와 20년 전 남편과 사별한 70대 여성이 함께 살고 있는 경우도 있습니다. 이 두 사람은 앞으로도 계속해서 셰어하우스에서 살아갈 것으로 생각됩니다. 실제로 이와 유사한 사례가 여럿 파악되었습니다.

야마다 향후 일본에서는 평생을 미혼으로 보내는 사람이 네 명 중 한 명 꼴로 나올 것이고, 이혼도 증가 추세를 보일 것입니다. 이런 추세를 고려해 볼 때 셰어하우스는 중요한 선택지 중 하나임이 분명해 보입니다만, 구보타 교수님은 일본도 미국처럼 되어 간다고 생각하십니까?

구보타 생활 문화가 다르기 때문에 미국과 똑같은 상황이 일본에서 나타나지는 않을 것 같습니다. 그렇다 해도 가족이나 연인과 함께 살지 않는다면 비싼 생활비를 감수한 채 혼자 살 수 밖에 없다고 여기는 일본의 거주 문화는 오늘날처럼 도시화와 미혼화가 빠르게 진행되고 있는 상황에서 그대로 유지하기는 어려울 것입니다. 따라서 일본에서도 셰어하우스 비율이 점차 증가할 것으로 전망됩니다.

실제로도 청년이냐 고령자냐를 불문하고 싱글 가구가 현재 가장 높은 비중을 차지하는 세대 유형이 되었습니다. 젊은이들이 부모에게 의지하려 해도 직장 가까운 곳에 집이 있거나, 집 근처에 직장이나 일터가 있는 것도 아닙니다. 고령자가 자식 부부에게 의지하고자 할 때도 마찬가지 상황일 겁니다. 커리어를 원하는 여성 입장에서도 부부의 직장이 집 근처에 있다고 단정할 수 없습니다. 이렇게 볼 때 셰어하우스에 대한 잠재적 요구는 확실히 존재한다고 할 수 있기 때문에, 젊은 층 친화적 셰어하우스뿐만 아니라 고령층 친화적 간호형 셰어하우스 등 다양한 모델의 등장이 바람직하리라 생각합니다.

• 셰어메이트는 가족을 대신할 수 있는가?

야마다 저는 최근 들어 종종 일본에서 가족의 의미가 분리되기 시작했다는 생각이 들곤 합니다. 곧 '일상생활을 공유하는 공동생활자'로서의 가족과 '언제 어디서나 위기에 직면했을 때 도움을 주는 존재'로서의 가족, 이렇게 두 가지 역할을 나누어 파악하는 것이 좋지 않을까 생각하는 것이죠. 다양한 형태의 셰어하우스가 출현하고 있음은 가족의 의미가 분리되고 있음을 단적으로 드러내고 있다고 판단됩니다. 여기서 다소 신경 쓰이는 문제가 있습니다. 과연 셰어하우스 입주자들은 셰어메이트에게 가족에게 기대했던 것과 동일한 수준의 지원을 요구하고 있는지 궁금한데요, 어떻습니까?

구보타 가족과 마찬가지 수준의 지원을 요구하는지 여부는 한마디로 정리하기가 쉽지 않습니다. 하지만 일반적으로 셰어하우스라고 하면 '유사가족'적 생활을 이미지화하는 것이겠지요. 다만 저는 유사가족이라는 호칭은 잘못되었다고 생각합니다. 일본에서는 가족과 비가족을 0 아니면 100, 도 아니면 모로 명확하게 나누는 경향이 있습니다. 그렇기 때문에 유사가족이라 하면 100퍼센트 지원해 줄 것으로 기대되는 이상적 가족과 대비되어 왠지 부정적 뉘앙스를 갖게 되는 문제가 있습니다. 하지만 실제로는 가족으로서 서로 지원을 한다 해도 어디까지나 1대1 상호 지원을 할 수 있는 것도 아니고, 가족끼리만 충분한 지원을 제공할 수 있는 것도 아닙니다. 어떤 형태의 가족이든 외부적 지원을 필요로 함은 자명합니다. 자녀 교육이든 의료든 가족의 힘만으로는 감당할 수 없습니다. 가족이 모든 것을 감당할 수 있으리라 기대하는 것 자체가 100퍼센트 환상에 지나지 않습니다.

반대로 셰어하우스에 살면서도 생활의 장場을 공유하는 사람들과 서로 도울 수 있다면, 비록 이상적 가족의 기준에 미치지는 못한다 하더라도 그것만으로 충분히 의미가 있는 게 아닐까 생각합니다. 비단 10퍼센트나 20퍼센트 수준이라도 서로 도울 수 있다면 얼마나 든든하겠습니까? 그럼에도 불구하고 가족과 비가족을 무리하게 나누는 관점을 고수하다 보면 '결국 타인은 믿고 의지할 수 없다'거나 '궁극적으로 의지할 수 있는 대상은 가족뿐이다'라는 식의 해석으로 흘러갈 것입니다. 굳이 가족과 셰어메이트를 비교한다면 국가의 제도적 지원을 받는 가족이 그렇지 않은 셰어메이트보다 의지의 대상으로 삼기가 쉬울 것입니다. 하지만 가족이라 해서 누구든 의지할 수 있는 대상이 되는 것은 아니며, 언제까지나 무한정 의지할 수 있는 대상 또한 아니라는 현실을 직시하는 것이 좋을 것입니다. 이 점을 가볍게 본다면 가족 폭력이나 가족 학대 등 가족 내에서 발생하는 심각한 문제를 간과하게 될 것입니다.

타인과 공동생활을 하면서 친밀한 관계를 맺기도 하고, 가족처럼 필요한 요구를 충족시켜 주리라 기대할 수 있는 경우는 극히 일부에 불과할 것입니다. 그렇긴 하지만 실제 가족이라 해도 필요한 요구를 전부 다 채워 줄 수 없는 것도 현실입니다. 그렇다면 단번에 100퍼센트의 기대 충족을 꿈꾸기보다는 10퍼센트, 20퍼센트라도 충족감을 조합해서 합산해 가면서 선택지를 다양하게 늘려가는 것이 보다 현실적이라는 발상의 전환이 중요하다고 생각합니다.

야마다 가족이라고 해서 모두가 모두를 도울 수는 없는 것이 현실이라는 말씀에 동감합니다. 일례로 남편이 구조조정 대상자가 되는 순간 이혼을 하게 된 부부도 많이 보았습니다. 이런 위기 상황에 닥칠 경우 의당 서로 의지하고 도움을 주는 것이 가족이라고 믿습니다만…. 저는 가족에게 요구되는 이런 종류의 '당연함'이 가족의 의미를 논할 때 매우 중요하다고 생각합니다. 가족끼리는 서로 도움을 주고받는 것이 '당연하다'는 사회적 기대와 압력이 있기 때문에 우리가 정신적으로 안심하고 생활할 수 있는 것 아닐까 싶습니다.

가족을 향한 '당연함'에 대한 기대가 충족되지 않을 경우 일상 생활이 불안해지는 것은 어쩔 수 없다고 생각합니다. 서구에서는 흔하게 눈에 띄는 동거 커플을 쉽게 찾아보기 어려운 일본에서는, 곤카쓰나 혼전임신으로 인해 결혼에 골인하게 되는 경우가 일반적이지 않습니까? 그 이유는 '자신을 필요로 하고 소중히 대해 주는 누군가와 친밀한 관계를 맺고 싶다는 "당연함"'에 대한 기대를 법적 차원에서도 보장받기를 희망하기 때문이 아닐까 생각합니다. 셰어하우스에 사는 사람들은 가족과 다를 바 없는 그런 상대 — 곧 자신을 필요로 하며 소중히 대해 주는 존재 —를 원하고 있는지 여부도 궁금합니다. 예를 들어 자신이 병에 걸렸을 때 셰어메이트에게 "약 좀 사다 주세요" 정도는 요구할 수 있겠지만, "입원비를 내 주세요"라고는 좀처럼 말할 수 없을 것 같아서요.

구보타 셰어메이트를 대상으로 '만일의 경우 실질적 도움을 줄 수 있을 것'이라는 희망을 품는 경우는 일단 없다고 생각합니다. 도움을 줄 것이라는 기대는 '의지할 수 있는 자원이 실제로 있느냐' 여부와 관계가 있기 때문입니다. 예를 들어 학생 네 명이 셰어하우스에 살고 있는데 그 중 한 명이 갑자기 병으로 쓰러질 경우, 나머지 세 명의 학생들은 피차 자신들에겐 돈이 없다고 생각할 것입니다(웃음). 이런 상황을 익히 알고 있기 때문에 경제적 여유가 있는 부모나 친척에게 의지할 수밖에 없을 것입니다. 그런 의미에서 '가족은 당연히 서로 돕는다'는 통념은 의식의 영역에 해당하는 만큼 분리해서 생각하는 편이 좋을 것 같습니다.

가족은 100퍼센트 의지할 수 있는 존재라고 믿는 것이야말로 가족을 둘러싼 '신화'를 당연히 믿고 있다는 것이겠지요. 야마다 교수님은 '가족 신화로 인해 우리가 안심하고 살 수 있다는 것이 중요하다'고 말씀합니다만, 저는 오히려 가족 신화를 해체해야 한다고 생각합니다. 왜냐하면 실제로 가족은 100퍼센트 믿을 수 있는 존재가 아니라고 확신하기 때문입니다.

야마다 저도 언젠가 가족 신화에 의존하지 않아도 되는 시대가 온다면 이 상황이 보다 이상적일 것이라 생각합니다. 저 또한 가족 신화를 강화하는 것이 바람직하다고 생각하지는 않으니까요. 다만 일본에서는 여전히 가족 신화에 의지할 수밖에 없는 사람들이 많다는 인식이 현실적으로 강하게 남아 있다고 생각합니다. 가족 신화에서 벗어나는 것이 바람직하다고 할 수 있는 경우는 특권층에 속하는 사람들 뿐일지도 모릅니다. 즉 친구나 지인 등 주위에 도움을 청할 수 있는 사람이 많고, 자신도 재원을 충분히 보유하고 있는 사람들만이 굳이 가족에게 의지하지 않아도 살아갈 수 있다고 할 수 있겠지요.

구보타 가족이 아닌 타인들과 셰어하우스에서 함께 사는 삶의 양식에 대해 '원활한 커뮤니케이션 능력을 갖춘 사람들이나 가능한 것'이라든가 '돈이 있는 사람이라면 좋겠네' 같은 비판을 받을 수도 있습니다. 물론 그런 측면이 분명히 존재하겠지요. 그러나 비록 소수만이 시도할 수 있는 방안이라 하더라도 누군가 몸소 실천하는 모습을 보여주지 않는다면, 가족이 아닌 타인들과 서로 도우며 함께 살아간다는 것의 가치와 의미 또한 변화하지 않으리라 생각합니다. 앞으로 가족과 타인 사이의 어디엔가 위치한 중간적 관계 — 완만한 신뢰를 기반으로 도움을 주고받는 관계 — 의 비중을 얼마나 늘려 갈 수 있을까가 관건이 되리라 생각합니다.

그렇다고 하면 가족 신화에 의존하는 것이야말로 가족과 비가족(타인)의 경계를 더욱 굳게 강화하는 결과를 가져온다는 점에서 문제가 있다고 생각합니다. 가족과 타인, 가족과 비가족으로 분리된 사회는 달리 표현하면 '군이 말로 표현하지 않아도 당연히 알아주는 사람'과 '말을 해봐야 어차피 모르는 사람' 사이의 간극이 큰 사회라고 할 수 있겠습니다. 이러한 상황에서 가족 아닌 타인과 함께 사는 경험이 지속된다면 '말로 표현하면 무슨 의미인지 알아주는 사람' 혹은 '서로 잘 알지는 못해도 상호 협력이 가능한 사람'과 같은 중간 범주의 관계를 만들어 낼 수 있으리라 기대됩니다. 사람과 신뢰 관계를 맺는다 함은 일상생활의 공유와 축적을 통해 가능하지 않겠습니까? 매일 얼굴을 맞대고 매일 함께 밥을 먹고 매일 취침을 하는 그런 일상 말입니다. 내가 아플 때는 식사를 챙겨 준다거나 필요하다면 병원에 데려다 주는 일이 가능하겠지요. 이렇게 일상을 함께 축적하는 날이 반년이나 1년, 혹은 1년 이상 이어지게 된다면 상호 신뢰 관계가 서서히 쌓여 갈 수 있으리라 생각합니다.

야마다　함께 일상생활을 공유하게 되면 상대방에게 관심을 갖고 세심하게 배려해 주는 상태가 되기 때문에, 상대가 가족이든 셰어메이트든 일상생활의 축적을 통해 신뢰관계도 형성되는 것이 분명합니다. 한데 함께 살고 있기 때문에 관심과 주의를 기울이는 것과 가족이기 때문에 관심과 주의를 기울이는 것은 동일한 의미를 갖는다기보다는 질적인 차이가 있다고 보는 것이 더 정확하지 않겠습니까?

구보타　이 문제에 대해서는 항상 야마다 교수님과 의견이 달라 논쟁을 하게 됩니다(웃음). 제 개인적 의견일수도 있겠지만, 1년이라도 함께 살고 나면 전혀 모르는 사람과 맺은 관계와는 전적으로 다른 관계 속으로 들어간다고 생각합니다. 거주 기간이 1년에 불과하더라도 그 사이 셰어메이트에 대해 다양한 정보를 충분히 나누게 되면, 상대를 향해 왠지 신경을 쓰게 될 것입니다. 일례로 커피는 블랙을 즐긴다든가 센베(일본전통과자)보다는 서양 쿠키를 좋아한다든가 하는, 별것 아닌 듯해도 생소한 사람에게서는 전혀 느낄 수 없는 그런 느낌을 갖게 됩니다.

야마다　하지만 그런 느낌조차도 실제 가족에게 느끼는 것과는 다른 감정 아닐까요?

구보타　글쎄요, 어떨까요? 이 경우는 형제자매 관계보다 가까울지도 모르겠네요. 국제입양에 관한 연구에 따르면, 부모에게 양자를 들이는 이유를 물은 결과 '자신의 아이에게 형제(자매)를 만들어 주고 싶어서'라는 응답이 많았다고 합니다. 자신이 죽은 후에도 아들과 딸에게 서로 도움을 주고받을 수 있는 관계를 만들어 주고 싶다는 의지를 표명하고 있는 셈입니다.

자녀들이 결혼하면 물론 파트너가 생기겠지요. 하지만 성애性愛를 기반으로 맺어진 관계는 깨지기 쉬운 경향이 있어서 이혼의 가능성을 배제하기 어려운 것이 사실입니다. 그렇다면 평생토록 의지할 수 있는 관계는 혈연관계가 아니어도 함께 성장한 형제자매일 것입니다. 미국에서는 정치인과 변호사가 '학창시절 기숙사에서 한 방을 쓰며 생활하던 것과 동일한 방식으로' 관계를 계속 유지하고 있는 실제 사례가 발견된 바 있습니다. 이들 사이의 관계성은 일정 기간 공동생활을 했던 사이이기 때문에 생겨나는 것이 아닐까 생각합니다.

야마다 헤겔의 주장과 같네요. 독일 철학자 헤겔은 『법철학』을 통해 형제 관계의 본질이 혈연으로 연결되지 않은 사람들 관계에도 작동하는 사회를 시민사회라 규정했습니다. 헤겔의 관점은 매우 흥미롭습니다. 일본에서는 형제라고 해도 각자 결혼을 하고 나면 상이한 가족의 구성원처럼 소원해지는 경향이 있기에, 미국식 형제애와는 또 다르다는 생각이 들기도 합니다.

• 타인과 함께 어울려 잘 살아갈 수 있는 기술

야마다 셰어하우스에 관심이 있지만 가족 아닌 타인들과 어울려 생활하는 것에 대해서는 거부감이 있는 사람들도 있겠지요. 일본인은 가족 아닌 타인에게 폐를 끼쳐서는 안 된다는 의식이 유달리 강하기 때문에, 타인과 함께 생활할 경우 과도하게 스트레스를 받는 경향이 있을 것 같은데요. 이러한 특성이 공동생활을 하는 데에 있어 어떻게 장애물로 작용한다고 생각하십니까?

구보타 실제 셰어메이트에 대해서는 무리를 해서 깊이 알려고 하지 않는 것이 좋겠다는 생각을 합니다. 그동안 제가 가장 오래도록 함께 살았던 상대는 어찌 보면 참으로 미묘한 사이였던 셰어메이트였습니다. 오사카에서 5년간 함께 살았던 우리는 우연히 두 사람 모두 같은 시기에 도쿄로 직장을 옮기게 되어 이사도 함께 했습니다(웃음). 제 셰어메이트였던 그는 2개월 정도 지금 제가 살고 있는 이 집에 살면서 도쿄 주변의 주거 상황을 파악한 후 최종적으로는 자신의 직장 근처로 이사했습니다. 우리는 대부분의 시간을 자신의 방에서 지냈기에 대화를 거의 나누지 않았지만, 셰어하우스 생활을 처음 시작하던 시점에 그와 셰어메이트가 된 것은 정말 행운이었다고 생각합니다. 각별히 친하게 지냈던 사이는 아니었기에 직장을 옮기면서 헤어진 이후로는 전혀 연락하지 않았습니다만, 만일 그 친구 직장 가까이 새로운 셰어하우스를 시작하게 된다면 그에게 또 연락을 취할지도 모르겠습니다. 저와 그의 관계처럼 서로 충분히 잘 아는 사이가 아니어도 도움을 주고받을 수 있는 관계가 된다면 충분히 의미가 있다고 생각합니다. 오히려 같이 산다는 것과 사이가 좋다는 것을 세트로 생각해서 동일시하는 것이야말로 공동생활의 어려움을 가중시키는 장애물이라 생각합니다.

야마다 가족이라면 서로 좋은 관계를 유지해야 마땅하다고 전제하고, 주변의 눈도 있어 그것 자체가 부담이 되기도 합니다. 하지만 셰어하우스의 경우는 그런 부담은 없을 것 같군요.

구보타 물론 그렇긴 합니다. 하지만 셰어메이트끼리 친해질 필요가 없다 하더라도 원만하게 소통하며 그럭저럭 잘 지내는 능력은 필히 요구됩니다. 공동생활을 하노라면 자신이 생각하는 상식의 기준이 실상은 자신이 속했던 가족의 상식이었음을 처음으로 깨닫게 됩니다. 사소한 습관을 포함해 사사건건 거의 모든 일에 있어 취향이나 기준이 다르니까요. 예를 들면 어떤 종류의 주방용 스폰지를 사용하느냐처럼 사소한 것에서도 차이가 나거든요. 주방용 스폰지의 부드러운 면과 딱딱한 면 중 어느 면을 주로 사용하는지가 문제가 되어 셰어메이트 간에 싸움이 일어난 적도 있습니다. A 셰어메이트는 평소 부드러운 스펀지 면을 사용하다가 식기에 달라붙은 찌꺼기를 떼고 싶을 때는 딱딱한 면을 사용하는 습관이 있는 반면, B 셰어메이트는 거꾸로 평소 딱딱한 면을 사용하다가 마무리 할 때 부드러운 면을 사용하는 습관이 있다든가 하는 차이가 있지요(웃음). 의견 대립이 적을수록 좋은 관계일 것이라 지레 짐작할지 모르지만, 타인과 공동생활을 하는 경우는 의견 대립으로 인해 갈등하는 일이 종종 발생합니다. 저는 결혼한 적이 없지만 결혼 생활도 크게 다르지 않을 것 같습니다. 지금까지 다른 가족의 품 안에서 자란 사람들끼리 공동생활을 시작했으니, 오히려 충돌하지 않는 것이 이상한 일일 것입니다.

야마다 실제 결혼을 하게 되면 알게 모르게 가족 신화를 고수하게 됨으로써 갈등이 있어도 포기하게 되는 거죠. 예전에는 주로 여성이 '남편 집으로 들어갔으니까'라는 명분 때문에 자신의 의견을 포기했었죠. 미소 된장국 농도도 남편(시댁) 집 취향에 맞출 수밖에 없었을 겁니다. 지금은 반대로 남성 쪽이 여러 가지를 포기하고 있을지도 모릅니다만(웃음).

구보타 예전 전통사회에서는 가족별로 다른 상식끼리 부딪치며 갈등할 때 가족 신화가 이를 해결하는 메커니즘으로 기능하곤 했었다는 말씀이군요. 하지만 앞으로는 가족 신화의 강제력이나 통제력이 점점 감소되기 때문에 가족 안에서도 셰어하우스에서 일어나는 것과 유사한 문제가 출현할지도 모르겠습니다. 아니면 야마다 교수님은 가족 안에서 이미 문제가 일어나고 있는 중이라고 말씀하시고 싶은 것이겠군요.

야마다 그렇습니다. 결혼해서 가족을 이루어 살든, 결혼하지 않고 셰어하우스에 살든, 피차 동일한 수준에서 공동생활을 함께 할 기술이 필요해지고 있는 셈입니다. 구보타 교수님이 생각하고 계신 공동생활의 기술이란 조금 더 구체적으로 어떤 것입니까?

구보타 조금 전에도 말씀 드린 것처럼 '자신만의 상식이었음을 알아채는 힘'이 바로 공동생활의 일차적 기술이라 하겠습니다. 이렇게

말로 표현하는 것은 간단해 보이지만, 당연시해 온 자신의 경험을 상대화하는 것은 아주 어려운 일이라고 생각합니다.

다음으로 '타협의 가능성을 모색하는 힘'을 공동생활의 일차적 기술에 포함시키고 싶습니다. 자신의 상식에만 얽매어 있는 사람은 일단 공동생활을 지속하기 어렵겠습니다만, 자신만의 상식이었음을 인식한다 하더라도 함께 생활하는 사람들과 협상이나 타협을 하지 못하면 공동생활을 포기하고 떠날 수밖에 없습니다. 물론 누구라도 모든 것을 타협할 수는 없습니다. 따라서 어느 선을 넘으면 관계를 해소하는 것이 합리적입니다. 그 선을 판별하는 힘이 요구된다는 것이죠. 마지막으로 '대화를 통해 타협점을 찾아가는 힘'을 들고 싶습니다. 자신의 의견을 솔직히 제시하면서도 서로의 주장을 타협해서 해결책을 찾거나 미처 생각하지 못했던 점을 찾아가는 힘이 필요합니다. 이러한 기술을 익숙하게 활용할수록 공동생활을 통해 만날 수 있는 매우 다양한 관계로부터 많은 장점을 풍성하게 이끌어 낼 수 있다고 생각합니다.

야마다 가까운 미래에 가족 난민이 늘어 갈 것이 확실한 지금, 가족이 아닌 타인들과 가족에 버금갈 만한 신뢰 관계를 구축할 수 있는 능력을 지니고 있는지 여부에 따라, 다가오는 미래를 향한 불안감에도 현격한 차이가 나타날 것 같습니다.

구보타 저도 그 생각에 동의합니다. 고령기에 접어들면 요양시설이나 케어홈 등에서 간호형 공동생활을 해야만 하는 상황이 올 겁니다. 그때 난생 처음 가족 이외의 낯모르는 사람과 공동생활을 하게 되면 상당히 불안하겠지요. 만일 그 이전에 셰어하우스 등에서 타인들과 함께 공동생활을 한 경험이 있다면, 실생활 속에서 불편을 덜 느끼리라 생각됩니다. 그런 의미에서 저는 타인과 공동생활을 경험하는 것이 시민 교육의 중요한 요소 중 하나라고 파악하고 있습니다. 수영 기술을 미리 익혀 두면 연못에 떨어졌을 때 헤엄칠 수 있지 않겠습니까. 마찬가지 이치로 일단 몸에 익혀 둔다면 손해는 없으리라 생각합니다. 대학 시절 기숙사에서의 공동생활은 저에게 타인과 함께 살아가는 방법을 몸에 익히는 기회였다는 생각이 듭니다.

야마다 자신을 보호한다는 차원에서도 의미가 있겠지만, 타인들과 무리 없이 잘 지낼 수 있는 기술을 개개인이 익혀 두면 사회 전체적으로도 매우 바람직한 영향을 미치리라 생각합니다.

구보타 다소 거창하게 들릴지도 모르지만, 타인과 공동생활을 함께 할 수 있는 기술은 민주주의의 근간과 연결된다고 생각합니다. 익숙하게 공동생활을 영위하는 시민이 높은 비중을 점하는 나라일수록 정부 차원에서 선택할 수 있는 정책의 폭도 넓어지게 될 것입니다.

다만 '다양성을 인정하자'는 슬로건만으로는 아무것도 이루어지지 않습니다. 각기 다른 배경을 가진 사람들이 머리를 맞대고 논의해서 의사결정을 수행하지 않으면 사회는 정체되고 맙니다. 타인과 어떤 차이가 있는지 인식한 후에 서로 대화하고 필요한 부분을 협상하며 합리적 규칙을 정하여 공동생활을 실천해 가야 할 것입니다. 이 과정에서 필요한 기술과 예의범절은 공동생활 시 요구되는 것과 다르지 않습니다. 그러한 의미에서도 저는 셰어하우스가 지금보다 더욱 활성화되는 사회를 우리의 목표로 삼아도 무방하리라 생각합니다.

맺음말

『패러사이트 싱글의 시대』를 세상에 내어 놓은 지 어언 15년이 지났다. 본문에도 밝혔지만 『패러사이트 싱글의 시대』는 1990년대 전반 부모와 동거하는 20대 미혼자의 실태 조사를 기반으로 저술한 것이다. 당시만 해도 아직 부모와 동거하는 미혼의 대부분은 정규직 종사자였고, 미혼율도 그다지 높지 않았다. 그 결과 풍족한 생활을 즐기는 패러사이트 싱글이라는 특징을 부각시킬 수 있었다.

이후 부모가 먼저 사망하기 시작하는 현실과 마주하고 보니 "패러사이트 싱글의 미래가 밝다고만은 할 수 없을 것 같다. 이유는 홀로 중년기와 노년기를 맞이해야 하기 때문이다. 실제로 경제적 차원의 요구를 별 문제없이 헤쳐 나갈 수 있다손 쳐도, 인생의 파트너나 자녀가 없는 상황은 지금까지 혼자 살아 본 경험이 없었던 패러사이트 싱글에게 심리적 외로움을 배가시킬 수 있다"라고 적었다.

현실은 예상했던 것 이상으로 심각하게 변화하고 있다. 당시의 패러사이트 싱글은 이제 중년기에 접어들었다. 뿐만 아니라 고용 상황이 격변하고 비정규직이 증가함에 따라 '경제적 독립이 불가능한 패러사이트 싱글'이 계속 늘어나기 시작했다. 나아가 그 어느 때보다 상승한 미혼율을 통해 유추해 보건대 가족 자체가 없는 생애미혼자가 더욱 증가하리라는 것을 예상할 수 있다.

15년 전 출간했던 저서를 다시 읽어 보니, 이 책과 거의 동일한 수준의 대책을 제언하고 있음을 새삼 깨달았다. '결혼 대책으로써 청소년의 자립을 지원하라', '가족의 다양성을 인정하고 새로운 라이프 스타일을 시험하라'는 등의 내용이 쓰여 있었다. 그러고 보니 지난 15년 동안 사회적 대책은 거의 전무한 상태에서 싱글화는 계속 진행되면서 사태의 심각성만 키운 것이 일본의 현실이 아닐까 하는 생각이 든다.

그런 생각을 하던 중 아사히신문 출판 담당 기타 유타카喜多豊 씨로부터 "패러사이트 싱글의 미래를 주제로 책을 써 보지 않겠습니까"라는 제안을 받았다. 마침 그 당시 「싱글화와 사회 변동」(후지무라 마사유키 편, 『협동성의 복지 사회학』, 도쿄대학출판회 수록)이라는 논문을 완성한 직후였다. 덕분에 관련 내용을 일반인과 소통할 수 있는 대중서 양식으로 만들어 보자고 생각한 것이 이 책을 쓰게 된 계기이다.

후지모리 가쓰히코의 『단신사회 급증의 충격』, 다치바나키 도시아키의 『무연 사회의 정체』 등 거시경제적 관점에서 조망해 본 싱글론도 있고, 이시다 미쓰노리의 『고립의 사회학』처럼 네트워크 이론적 관점에서 분석한 싱글론도 있지만, 가족을 중심에 둔 싱글론은 아직 본격적 논의가 없었다는 점도 이 책을 출판해 보고자 한 또 하나의 계기가 되었다.

'가족 난민' 개념은 기타 씨와 함께 편집을 부탁한 바 있는 무라카미 다카시 씨와 토론하는 과정에서 나왔다. 단순히 홀로 산다는 의미를 넘어 별거든 동거든 가족 자체가 없는 싱글이 앞으로 계속 늘어날 전망이라는 것이 이 책의 결론이다. 이 결론을 염두에 두고 케어 난민 혹은 넷카페 난민 같은 표현이 등장했듯이, 가족의 보호를 받을 수 없는 싱글이 늘어나는 현상을 '가족 난민'이라는 용어로 포착하게 된 것이다.

지금으로부터 15년 후 고독사 인구가 20만 명에 이를 것이라는 예측은 과연 맞을까? 이 책에서 논의했던 대로 개인적 차원의 준비뿐만 아니라 사회적 차원의 대책 마련이 제대로 이루어짐으로써, 나의 예측이 빗나가기를 바라는 마음이 간절하다. 기타 씨와 무라카미 씨, 그리고 흔쾌히 대담에 참여해 준 구보타 히로유키 교수 등을 위시하여 이 책이 세상에 나오기까지 많은 사람들에게 신세를 졌다. 특히 패러사이트 싱글론의 출간 이후 부모와 동거하는 미혼층 데이터를 세심하게 분석하고 있는 총무성통계연수소의 니시 후미히코 씨는 매년 최신 자료를 업데이트해서 알려주고 있다. 진심으로 감사

드린다. 이 지면을 빌려 도움을 주신 모든 분들께 감사의 마음을 표
한다.

2013년 12월

야마다 마사히로

가족 난민 시대를 향한 경고와 충고의 목소리

야마다 마사히로 교수의 책들은 읽다 보면 한 편의 영화를 감상하는 듯한 느낌을 받게 된다. 가족의 생생한 현실이 손에 잡힐 듯 다가오고, 다음 장에는 무슨 이야기가 펼쳐질지 궁금증이 더해 가니 말이다. 마지막 장을 덮는 순간 전체 스토리가 하나로 연결되면서 긴 여운을 남긴다는 점에서도 영화와 닮아 있다.

이 책은 독자들이 "가족 난민"이란 제목을 통해 이미 감지했듯이, 오늘날 일본 가족이 겪고 있는 슬프고도 우울한 자화상을 담고 있다. 야마다 교수는 책 제목으로 『가족 난민』을 선택하게 된 이유를 다음과 같이 밝히고 있다. "(오늘날 일본에서는) 중년의 부모가 미혼의 독신 자녀를 지원하고 있기 때문에 아직 심각한 문제 상황은 나타나지 않고 있다. 하지만 싱글화 상황이 이대로 지속된다면 2030년경에는 무가족無家族 고령자가 수백만 명에 이르게 됨으로써, 홀로 죽음을 맞이하게 되는 사례 또한 연 20만 명에 달할 것이다. 그렇게 되면 고령자의 증가와 더불어 의지할 가족이 존재하지 않는 사람들, 독립을 원했으나 고립되고 마는 사람들, 난민과 다를 바 없는 상황에 놓이는 사람들이 증가할 것이 확실하기에" 이를 경고하고자 난민 이미지를 가족과 연관시키게 되었다는 것이다.

야마다 교수는 『가족 난민』을 통해 일본의 역사적 맥락 속에서 싱글의 의미가 어떻게 변화되어 왔는지, 동일한 싱글 범주 내부에 얼마나 다양한 유형의 싱글이 자리하고 있는지, 나아가 일본 특유의 '패러사이트 싱글'(한국에서는 기생적 싱글로 번역되고 있고, 부모와 동거하는 비혼의 싱글을 지칭한다)이 오랜 세월에 걸쳐 지속된 저속 성장과 일본 경제의 체질 개선을 요구한 신자유주의의 영향하에서 어떤 모습으로 '변질'되어 왔는지를 세심하게 탐색하고 있다.

결혼제도 속으로 편입되지 않은 미혼 내지 비혼층의 증가로 인해 '싱글 시대'를 열었던 일본이, 이제는 고령층의 급증으로 인해 '돌봄 시대'를 맞이했다. 그러나 정작 돌봄을 담당해 왔던 가족은 '난민'이 되어, '서로를 필요로 하고 소중히 대해 주는' 가족 고유의 기능을 다하지 못함은 물론, 아예 우리네 삶 속에서 사라져 버린 채 이리저리 표류하고 있는 현실의 역설을 야마다 교수는 특유의 감각과 민감한 시선으로 포착해 내고 있는 것이다.

일본 가족이 직면하고 있는 역설적 현실에 관심을 기울일 수밖에 없는 이유는 책 속에 등장하는 가족 딜레마의 대부분이 '강 건너 불 보듯 할 수 있는' 남의 이야기가 결코 아니기 때문이다. 한국에서도 결혼을 필수로 고려하지 않는 비혼층의 증가와 더불어 평균 초혼 연령 남성 33.2세, 여성 30.4세로 대변되는 만혼화로 인해 결혼율 감소가 빠르게 진행되고 있고, 90년대 일본의 패러사이트 싱글을 연상시키는 가족 형태를 주위에서 심심치 않게 찾아볼 수 있다. 뿐만 아니라 한국 사회의 고령화 속도는 어림잡아 일본의 3배 이상 빠르다는 사실을 고려할 때, 오늘의 일본은 가까운 미래의 한국일 가능성이 매우 높음은 분명하다 하겠다. "한국인들이여! 일본을 눈이 빠지게 관찰하라"던 『2018 인구 절벽이 온다』의 저자 해리 덴트의 조언이 더욱 실감 나게 다가오는 이유이기도 하다.

물론 한국 가족이 일본 가족이 걸어간 길을 그대로 밟아 갈 것이라는 예상은 지나치게 단순한 추론에 머무를 것이다. 그보다는 양국의 가족 제도 및 문화적 맥락을 깊이 있게 고려할 때만이 일본 가족의 오늘이 한국 가족의 미래를 예단해 보는 데 의미 있는 준거로 작용하게 됨은 물론일 것이다. 다만 이 작업은 향후 양국 가족의 비교연구를 위한 과제로 남겨 두어야 할 것 같다.

『가족 난민』을 관통해서 흐르는 야마다 교수의 사려 깊은 시선은 가족이 난민의 지위로 격하되고 있다는 현상 분석에 그치지 않고, 현실에 뿌리 내린 다양한 대안을 모색하고 있음에서도 잘 드러난다. 야마다 교수의 제안 중 인상적인 것을 들라면 다음 두 가지를 지목하고 싶다. 첫째, 일본의 복지제도는 전후 표준모델로 등장한

"정상가족", 곧 생계부양자 남편과 전업주부 아내 그리고 그들의 자녀로 구성된 가족을 전제로 설계된 만큼, 이로 인해 야기되는 모순점을 전면 재검토한 후, 유럽식 복지 제도를 모델 삼아 개인을 복지 정책의 기본 단위로 설정하는 패러다임 전환을 시도해야 한다는 것이다. 둘째로는 혈연으로 맺어진 가족이나 친족이 아니어도 '서로에게 의지가 되고 어려울 때 도움을 주고받을 수 있는' 사람들끼리 모여 거주 공간을 공유하며 함께 살아가는 새로운 라이프 스타일로서의 셰어하우스를 제안하고 있다는 점이다. 셰어하우스 전문가인 구보타 교수와 야마다 교수가 자유롭게 주고받은 대담에는 셰어하우스를 둘러싼 다양한 쟁점이 흥미진진하게 전개되고 있다.

모든 책에는 저마다의 운명이 있다는데, 야마다 교수의 『가족난민』 표지를 접하는 순간, 이 책을 한국 독자들에게 소개하고 싶다는 욕구가 강하게 스쳐가던 기억이 지금도 생생하다. 한국어판 번역을 흔쾌히 허락해 주신 야마다 교수님, 더불어 한국 사회에 의미 있는 화두를 던져 줄 것이라는 기대를 담아 기꺼이 출판을 맡아 주신 그린비에 감사의 마음을 전하고 싶다.

2019년 여름의 길목에서
옮긴이를 대표하여 함인희

참고 문헌

浅野智彦, 『趣味縁からはじまる社会参加』, 岩波書店, 2011.

伊田広行, 『シングル単位の社会論』, 世界思想社, 1998.

石田光規, 『孤立の社会学』, 勁草書房, 2011.

上野千鶴子, 『おひとりさまの老後』, 法研, 2007[우에노 지즈코, 『싱글, 행복하면 그만이
다』, 나일등 옮김, 이덴슬리벨, 2011].

_____, 『男おひとりさま道』, 法研, 2009[『독신의 오후: 남자, 나이듦에 대하여』, 오경순
옮김, 현실문화, 2014].

_____, 『女たちのサバイバル作戦』, 文藝春秋, 2013[『여성은 어떻게 살아남을까』, 박
미옥 옮김, 챕터하우스, 2018].

大澤真幸, 『不可能性の時代』, 岩波書店, 2008.

落合恵美子, 『第3版 21世紀家族へ』, 有斐閣, 2004[오치아이 에미코, 『21세기 가족에게』,
이동원 옮김, 양서원, 2004].

海老坂武, 『新·シングルライフ』, 集英社, 2000.

木戸功, 『概念としての家族』, 新泉社, 2010.

久保田裕之, 『他人と暮す若者たち』, 集英社, 2009[구보타 히로유키, 『셰어하우스』, 류
순미 옮김, 클, 2013].

玄田有史, 『孤立無業 (SNEP)』, 日本経済新聞出版者, 2013.

施利平, 『戦後日本の親族関係』, 勁草書房, 2012.

椎野若菜 編, 『'シングル'で生きる』, 御茶の水書房, 2010.

橘木俊詔, 『無縁社会の正体』, PHP研究所, 2010.

戸田貞三, 『家族構成』, 弘文堂, 1937.

西文彦, 「親と同居の未婚者の最近の状況」, 総務省統計研修所ホームページ, 2013.

西川祐子, 『近代家族と国家モデル』, 吉川弘文館, 2000.

キャサリン・S・ニューマン, 『親元暮らしという戦略』, 萩原久美子・桑島薫 訳, 岩波書店, 2013.

藤森克彦, 『単身社会急増の衝撃』, 日本経済新聞出版者, 2010.

牟田和恵 編, 『家族を越える社会学』, 新曜社, 2009.

宮本みち子・岩上真珠・山田昌弘, 『未婚化社会の親子関係』, 有斐閣, 1997.

山口道宏 編, 『無縁介護』, 現代書館, 2012.

山田昌弘 編, 『'婚活'現象の社会学』, 東洋経済新報社, 2010[야마다 마사히로 엮음, 『나는 오늘 결혼정보 회사에 간다』, 김현철 옮김, 월인, 2016].

山田昌弘, 『近代家族のゆくえ』, 新曜社, 1994.

_____, 『パラサイト・シングルの時代』, 筑摩書房, 1999[야마다 마사히로, 『패러사이트 싱글의 시대』 김주희 옮김, 성신여자대학교 출판부, 2004].

_____, 『希望格差社会』, 筑摩書房, 2004[『희망 격차사회』, 최기성 옮김, 아침, 2010].

_____, 『家族ペット』, サンマーク出版, 2004.

_____, 『パラサイト社会のゆくえ』, 筑摩書房, 2004.

_____, 『迷走する家族』, 有斐閣, 2005.

_____, 『少子社会日本』, 岩波書店, 2007.

_____, 『ここがおかしい日本の社会保障』, 文藝春秋, 2012.

_____, 「シングル化と社会変動」, 藤村正之 編, 『協働性の福祉社会学』, 東京大学出版会, 2013.

山田昌弘・金原あかね, 「未就学児のいる世帯の家計状況について」, 総務省統計研修所リサーチペーパー, 2010.

山田昌弘・白河桃子, 『'婚活'時代』, ディスカヴァー・トォエンティワン, 2008[야마다 마사히로・시라카와 도코, 『친구의 부케 받기도 지겨운 당신에게』, 나일등 옮김, 이덴슬리벨, 2011].

_____, 『'婚活'症候群』, ディスカヴァー・トォエンティワン, 2013.

山田昌弘・苫米地伸, 「家族形態の変化と経済状況の変動との関連のついての研究」, 総務省統計研修所 第4回共同研究報告会資料, 2012.

善積京子,『'近代家族'を越える』, 青木書店, 1997.

吉原真理,『ドット・コム・ラヴァーズ』, 中央公論新社, 2008.

余田翔平,「再婚からみる"家族の多様化"とライフコースの変化」, 日本家族社会学会 第23回大会要旨, 2013.

国立社会保障・人口問題研究所 第14回出生動向基本調査, 2010.

NHK「無縁社会プロジェクト」取材班 編,『無縁社会』, 文藝春秋, 2010[NHK 무연사회 프로젝트 팀,『무연사회』, 김범수 옮김, 용오름, 2012].

옮긴이 소개

니시야마 치나(西山知那)

한국에서 태어나 다쿠쇼쿠대학교와 이화여자대학교 국제대학원 한국학과를 졸업하고 동 대학원에서 한국학 박사 학위를 받았으며, 이화여대, 가톨릭대, 동국대 등에서 강의를 하였다. 현재는 이화여자대학교 이화사회과학원 비상임연구원이다.

주요 관심분야는 가족사회학, 한일사회문화비교, 대중문화이다. 논문으로는 「영화에 투영된 "비혈연 및 패러사이트 싱글 가족"의 한일 비교: 〈고령화 가족〉과 〈어느 가족: 万引き家族〉을 중심으로」(2018)가 있고, 역서로는 『법과 언어: 법언어학의 초대』(2015)가 있다.

현재 한국과 일본의 가족 구성원의 역할과 결혼관 비교 연구에 전념하고 있다.

함인희

서울에서 태어나 이화여자대학교 사회학과 및 동대학원을 졸업하고, 미국 에모리대학교에서 사회학 박사 학위를 받았다. 현재는 이화여자대학교 사회학과 교수로 재직 중이다.

홀로 지은 책으로는 『인간행위와 사회구조』(2018), 『여자들에게 고함』(2000), 『사랑을 읽는다』(1998)가 있고, 함께 지은 책으로는 『한국사회의 발전과 행복』(2016), 『오늘의 사회이론가들』(2015), 『가족과 친밀성의 사회학』(2014), 『한국 가족 변화의 사회학적 함의』(2013) 등이 있다. 논문으로는 「여성 관리직 젠더 격차와 유리천장」(2016), 「정년 60세 의무화법에 대한 근로자 인식과 정책 니즈」(2014), 「국가 후원 가족주의에 투영된 가족정책의 딜레마」(2013), 「사회경제적 위기와 중산층 가족의 Falling from Grace」(2013), 「부부관계를 통해 본 젠더 격차」(2012) 등이 있다.

현재 한국가족과 일본가족의 비교 연구를 위해 다양한 주제를 섭렵하고 있다.